最効率!
例文で覚える
ドイツ語
単語

アンゲリカ・ヴェルナー
兒玉彦一郎

KENKYUSHA

まえがき

　本書は、独検（ドイツ語技能検定試験）の対策に役立つものです。数多くのダイアローグに日本語訳と語注が付され、それによってドイツ語の語彙を増やすことができます。新出単語は、検定レベルの難易度に応じて5級から2級までグループ分けされています。

　語彙の習得は、外国語を学ぶ上で、とても大切な課題ですが、困難な課題でもあります。ドイツ語の語彙は広範囲にわたり、外来語、ラテン語やギリシャ語に由来する専門語なども数多くあるのです。

　しかし大切なのは、正しく使われている文脈の中で単語を学び、使ってみることです。単語は、その「パートナー」、すなわち前置詞やコロケーションとのつながり（例：mit dem Auto fahren）の中で、しかも適切な文法形式の中でなら、より学びやすいのです。フォーマルな書き言葉は、ドイツ語においても、それほどフォーマルではない話し言葉と区別されます。本書のダイアローグには、会話に典型的な単語や言い回しが多く出てきます。例えば、ja, doch, schon などの心態詞、あるいは書き言葉では必要である文成分の省略です。また、目的語を省略したり（mach ich など）、さらには主語や動詞まで省略した（heute nicht などの）言い回しです。

　日常的で生き生きとしていますが、非常に典型的でもある会話が本書には収録されています。主に家庭での日常生活、大学の学生生活、職場における会話です。状況を思い浮かべやすいように、全てのダイアローグは男女ペアの短い会話となっています。そこでは、ベルリンに住むある典型的なドイツ人家庭の日常生活に目が向けられます。両親と娘クリス、息子ダニエルからなるマイヤー一家です。そこに日本からの客人、すなわち東京から来た交換留学生の亮介が滞在しています。マイヤー家は犬を一匹飼っており、親戚も多くいます。一家は、ベルリン郊外の一戸建てに住み、何でもおしゃべりしたがるような隣人と友人に囲まれて暮らしています。

　みなさんが楽しく学びながら、多くの成果をあげられることを願っています。

アンゲリカ・ヴェルナー

兒玉彦一郎

VORWORT

Dieses Buch soll Ihnen helfen sich für die Prüfungen *Diplom Deutsch in Japan* vorzubereiten. Sie finden hier eine große Zahl von Dialogen mit Übersetzungen und Worterklärungen, die Sie unterstützen sollen, den deutschen Wortschatz zu erweitern. Die neuen Wörter sind nach der Schwierigkeit der verschiedenen Prüfungs-Stufen von 5 bis 2 gruppiert.

Den Wortschatz zu lernen und zu beherrschen ist eine sehr wichtige, aber auch schwierige Aufgabe beim Lernen einer Fremdsprache. Das Deutsche hat einen umfangreichen Wortschatz, mit vielen Wörtern, die aus anderen Sprachen eingeflossen sind und Fachwörtern, die aus dem Lateinischen oder Griechischen stammen.

Wichtig ist es aber, die Wörter im Kontext in ihrem authentischen Gebrauch kennen zu lernen und zu benutzen. Sie lernen die Wörter leichter in Verbindung mit ihren „Partnern", den Präpositionen und Kollokationen (z.B.: „mit dem Auto fahren") und in der passenden grammatischen Form. Die formellere geschriebene Sprache unterscheidet sich auch im Deutschen von der weniger formellen gesprochenen Sprache. In den Dialogen werden Sie viele Wörter und Ausdrücke finden, die im Gespräch typisch sind, wie etwa Modalpartikeln (z.B.: „ja", „doch", „schon") oder Kürzungen und Auslassungen von Satzgliedern, die in der schriftlichen Sprache nötig wären, wie Objekt („mach ich") oder sogar Subjekt oder Verb („heute nicht").

Sie finden lebendige alltagssprachliche, aber auch sehr typische Gespräche, die hauptsächlich in den Bereichen Familie/Alltag und Universität/Studentenleben sowie Beruf/Arbeitsleben stattfinden. Damit Sie sich die Sprech-Situationen besser vorstellen können, sind alle Dialoge kurze Zweiergespräche zwischen einem weiblichen und einem männlichen Gesprächspartner. Dabei möchten wir einen Blick in den Alltag einer typischen deutschen Familie in Berlin werfen, der Familie Meyer mit den beiden Eltern, Sohn Daniel, Tochter Chris und einem Gast aus Japan, dem Austauschstudenten Ryosuke aus Tokyo. Die Familie Meyer hat einen kleinen Hund und viele Verwandte, sie wohnt in einem Haus in einem Vorort von Berlin, umgeben von vielen Nachbarn und Freunden, die sich alle gerne über alles Mögliche unterhalten.

Wir wünschen Ihnen viel Spaß und viel Erfolg beim Lernen!

Angelika Werner
Hikoichiro Kodama

本書の構成と使い方

本書のダイアローグはターゲット単語を組み合わせて作ってあります。ダイアローグを覚えることで、複数の単語やフレーズが効率よく身につきます。

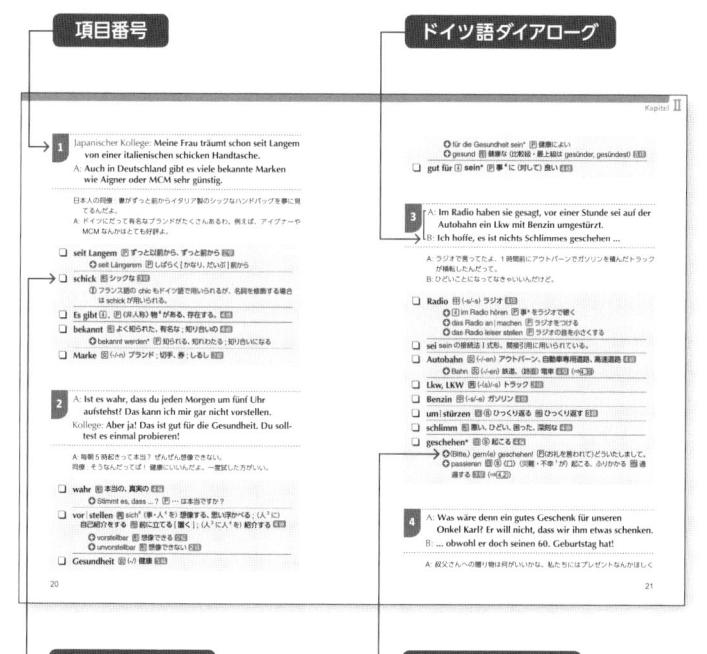

項目番号

ドイツ語ダイアローグ

ターゲット単語

ドイツ語検定4級〜2級の語彙、フレーズが中心です。
(!)には、語法・文法の解説や、関連事項の説明などが必要に応じて入っています。

準ターゲット単語

◯のついた単語は、ターゲット単語とともに覚えておきたい派生語、関連語、フレーズです。

凡例

■ ターゲット単語について

・ターゲット単語中の ③, ④ は、それぞれ 3 格、4 格の名詞を表しています。
・ターゲット単語中の sich³, sich⁴ は、それぞれ 3 格、4 格の再帰代名詞を表しています。

■ 品詞の分類

男 男性名詞

女 女性名詞

中 中性名詞

複 複数形で用いられる名詞

自 自動詞

他 他動詞

再 再帰動詞

形 形容詞

副 副詞

助 助動詞

代 代名詞

接 接続詞

前 前置詞

P 成句、セットで使われるフレーズ、応用の利く例文

■ 名詞の表記

・名詞には、単数 2 格と複数 1 格を、「/」で区切って示しています。複数形が用いられない場合には、2 格形のみを表示しています。見出しと同じつづりは「-」で省略し、見出しのつづりの一部を省略する場合は「..」と表記しています。

・⑲のついた名詞は、男性弱変化名詞。

■ 動詞の表記

・「*」のついた動詞は、不規則変化動詞です。

・⑤のついた動詞は、完了形で sein を用いる動詞です。この記号がない動詞はすべて、完了形で haben を用います。

・再帰動詞については、品詞記号の後ろに、共起する再帰代名詞を示しています。

■ その他

・ターゲット単語の語義の後ろに、独検の出題基準のレベルを示しています（5級〜2級）。

・一部の準ターゲット単語の後ろには、（⇒Ⅰ.23）のような参照記号が付いていますが、これは、その単語がターゲット単語として取り上げられている例文の項目番号を示しています。例えば、Ⅰ.23 ならば、Kapitel Ⅰ内の項目番号 23 の例文を指します。付録「ドイツ語の心態詞」の参照も同様の方式です。

・《　》は文法説明、〈　〉はコロケーションを示しています。

収録語彙について

■ 級の設定

独検では、学習時間に応じて級を区分しています。30時間以上で5級、60時間以上で4級、120時間以上で3級という具合です。これに対応して、学ぶべき文法事項も増えていきます。具体的には、5級で名詞の格変化、動詞の現在人称変化、前置詞くらいまで、4級では話法の助動詞を中心として未来形、分離動詞、再帰動詞などが出題範囲に入ってきます。そして3級では「初級文法全般にわたる知識」ということなので、過去形、完了形などが出題範囲となります。以上の学習過程を勘案し、各級の語彙を兒玉が選定しました。

本書のダイアローグは初中級程度、すなわち4級を中心にして適宜5級と3級を加えたレベルの動詞を中心として、日常で使える会話調の対話で構成されています。ダイアローグのレベル設定は、原則として、会話の核となる動詞の級に基づきます。

■ 語彙レベルと使用頻度

動詞に関して言えば、5級では基本的な語の人称変化が文法の中心となります。例えば日本語で「座る」を意味する $sich^4$ setzen は重要な語ですが、再帰表現であるために、5級には含まれません。語彙として重要だからといって、5級に分類されるわけではないのです。5級なら、この意味で可能性がある言い方は例えば Platz nehmen で、明らかに $sich^4$ setzen よりも使用範囲は狭いでしょう。

このようなわけで、4級よりも5級の語彙の方が使用頻度が高い、とは必ずしも言えないのです。

また、副文を導く「従属の接続詞」は、独検では3級の範囲となりますが、本書では5級の動詞を中心にした例文にすでに使用しています。例えばwenn は時や条件「…した場合」を表し、5級で学ぶ現在形の文に登場するからです。als は「(過去に一回)…した時」を表し、過去形の文に登場しますが、過去形は3級から学ぶので整合性があります。その他、時間的近接を表す bevor「…する前に」も同様です。

しかし、理由を表す weil のような従属の接続詞はほとんど用いられていません。それは、会話を構成する複数の文の関係が自明な場合、わざわざ接続詞を用いないほうが自然だからです。例えば Wollen Sie bitte die Tür schließen? Es zieht.「ドアを閉めて下さいますか。隙間風が入ります」のように結論を先に言い、すぐ次に原因を言えば、それが理由であると認識

できます。これを「ドアを閉めて下さいますか。隙間風が入りますから」と訳すこともできます。もちろん「隙間風が入ります。だから、ドアを閉めて下さいますか」とも言えますが、理由を明示しなくてもいい場合、実際の会話では用いられないようです。

　このようなわけで、本書では動詞の目的語の位置を占める dass や ob を例外として、その他の接続詞を用いた例文は多くありません。

■ 日本語訳

　ダイアローグの日本語訳は、話し手に応じて訳し方を変えてあります。ドイツ語を理解する際に、その日本語に引きずられないよう注意してください。

　例えば、ドイツ語には一般に敬語がありませんが、訳では丁寧語などが文脈によって使われています。例えば接続法Ⅱ式 Könnten Sie ...？の方が 直説法の Können Sie ...？よりも丁寧だと説明されますが、それは接続法Ⅱ式の「もしできるのであれば」という仮定の意味が要求の程度を弱めているためです。親しい友達同士でも、控えめな要求でこの接続法Ⅱ式 Könntest du ...？も用います。「丁寧さ」は、例えばお願いをする場合なら、必ず bitte を添えることによって表現できます。本書で du を使った例文に関しては、日本語で敬語を使う場面において主語 du を Sie に替えて使えます。

　また、日本語には女性言葉と男性言葉がありますが、ドイツ語では一般的にその区別がありません。どの文でも、男性、女性ともに使用することができます。当然ですが ich は「僕」にも女性の「私」にも訳せます。

人物設定

本書のダイアローグでは次のような家族を設定しました。

「マイヤー一家はベルリンに住み、母アンナ（Anna）はドイツの会社に勤めている。父ベルンハルト（Bernhard）はベルリンの日系企業でエンジニアとして働いており、そのため時折日本に出張する。少し日本については知っているが、詳しくはない。娘クリス（Christina, 愛称 Chris) は 14 歳でギムナジウム（Gymnasium）に、息子ダニエル（Daniel）は 9 歳で基礎学校（Grundschule）に、それぞれ通っている。ダックスフントの Fifi を飼っている。一年の予定でホームステイをしている日本人留学生、亮介は 19 歳で、ドイツ語学文学を専攻している」

略語として母は A, 父は B, クリスは C, ダニエルは D, 亮介は R を用いています。

ドイツの家庭では、一般に子供は両親を Papa, Vati, Mama, Mutti と呼び、両親は子供を名（Vorname）で呼びます。兄弟間でも名で呼び合います。祖父は Opa, Opi, 祖母は Oma, Omi になりますが、伯父・叔父は Onkel Hans, 伯母・叔母は Tante Erika のように名が添えられます。夫婦間も名で呼び合いますが、例えば Thomas なら Tommy, Berthold なら Bert, Monika なら Moni, Ursula なら Uschi のように名に由来する愛称（Kosename）が用いられることもあります。あるいは Liebling, Mausi, Schatz, Schätzchen なども使われますが、人前では用いられないようです。日本のように夫婦間で「パパ」「ママ」と呼び合うことはありません。

一般に二人称 du と Sie は親しみ具合により使い分けると言われますが、du は Hans や Erika などのファーストネームで呼び合う相手、Sie は Herr Schneider や Frau Doktor Schneider など Herr や Frau で呼びかける相手に用いられます。なお一般に学校などで 16 歳以下の青少年（Jugendliche）には du で呼びかけるようです。

音声について

本書収録のドイツ語ダイアローグの音声は、研究社ホームページ（http://www.kenkyusha.co.jp/）より、以下の手順でダウンロードできます。なお、データは MP3 ファイルとなっており、各ファイルには 1 項目分のダイアローグが収録されています（ファイル名は「章番号＿項目番号」を示します。Kapitel Ⅰのダイアローグが 1_01, 1_02, ..., Kapitel Ⅱ が 2_01, 2_02, ... となります）。

ファイルは、Kapitel Ⅰ～Ⅶの 7 つのフォルダーに分かれています。

(1) 研究社ホームページのトップページから、「音声ダウンロード」にアクセスし、「音声データダヴンロード書籍一覧」から、「最効率！ 例文で覚えるドイツ語単語」を選んでください。

(2) 上記から開いたページで「ファイルを一括でダウンロード」をクリックすると、ユーザー名とパスワードの入力が求められます。ユーザー名とパスワードは以下のように入力してください。

ユーザー名：guest
パスワード：DeutschVocabOnseiDownload

(3) ユーザー名とパスワードが正しく入力されると、ファイルのダウンロードが始まります。ダウンロード完了後、解凍してご利用ください。

[収録内容一覧]

Kapitel Ⅰ：項目番号 1 ～ 27（04 分 45 秒）
Kapitel Ⅱ：項目香号 1 ～ 49（08 分 50 秒）
Kapitel Ⅲ：項目番号 1 ～ 27（05 分 31 秒）
Kapitel Ⅳ：項目番号 1 ～ 55（10 分 18 秒）
Kapitel Ⅴ：項目番号 1 ～ 46（09 分 10 秒）
Kapitel Ⅵ：項目番号 1 ～ 44（08 分 28 秒）
Kapitel Ⅶ：項目番号 1 ～ 37（07 分 21 秒）

[ナレーション]

Angelika Werner（奥付の著者紹介を参照）
Davide Orlando（獨協大学非常勤講師）

[収録スピード]

普通～やや速い

目次 INHALT

まえがき	iii
本書の構成と使い方	v
凡例	vi
収録語彙について	viii
人物設定	x
音声について	x
Kapitel Ⅰ（5級中心）	1
Kapitel Ⅱ（4級中心 ①）	19
Kapitel Ⅲ（4級中心 ②）	49
Kapitel Ⅳ（4級中心 ③）	65
Kapitel Ⅴ（3級中心 ①）	95
Kapitel Ⅵ（3級中心 ②）	121
Kapitel Ⅶ（2級中心）	143
ドイツ語の心態詞	164
ドイツ語索引	168

Kapitel I

(5級中心)

1

A: **Wenn jemand isst, wünscht man in Deutschland „Guten Appetit!". Wie sagt man in Japan?**

R: **Man sagt „Itadakimasu", bevor man mit dem Essen anfängt.**

A: 食事のとき、ドイツでは「グーテン・アペティート」と願うんだけど、日本では何と言うの？
R: 食事の前に、「いただきます」と言います。

- **wünschen** 他 願う、望む、祈願する 5級
    - ⓘ dass 副文、zu 不定詞句もとる：Was wünschen Sie zu trinken? お飲み物は何をお望みですか？

- **Appetit** 男 (-(e)s/) 食欲 3級
    - ⊕ Guten Appetit! P たくさん召し上がれ。(「あなたにたくさん食欲がありますように」という意味から) 5級
    - ⊕ (großen) Appetit auf 4 haben* P 物⁴ への食欲が (大いに) ある、物⁴ が (大いに) 食べたい 3級

- **Wie sagt man in …?** P …では何と言うのか？ 5級
    - ⊕ Wie sagt man auf Deutsch? P ドイツ語では何と言うのか？ 5級

- **an|fangen*** 他 始める 自 始まる；⟨mit ③⟩ (事³を[から,で]) 始める 4級

2

R: **Entschuldigen Sie bitte, ich möchte zur Touristen-Information.**

Frau: **Gehen Sie hier weiter, bis zum Kaufhaus dort. Dann sehen Sie die Information.**

R: すみません、旅行案内所に行きたいのですが。
女性：ここをずっと、あそこのデパートまで行きます。そうすると案内所が見えます。

- **Entschuldigen Sie (bitte)!** P すみません。 5級
    - ⓘ「私に非がある」という意味合いが込められていることに注意。
    - ⊕ (Es) tut mir leid. P 残念です、悪いけど、すみません《「自分に責任はない」という含みをもつ》；(悲しいことに対して) お気の毒に。 5級 (⇒1.14)

- **möchte*** 助 …したい (のですが) 他 (物⁴ が) 欲しい (のですが) 5級
    - ⓘ 方向を表す前置詞とともに「…へ行きたいのですが」を意味する。

Kapitel I

> ➕ wie du möchtest 🅿 したいようにすれば、お好きなように 4級

- **Tourist** 男 (-en/-en) 弱 旅行者、ツーリスト（Touristin 女 (-/-nen)) 5級
- **Information** 女 (-/-en) 情報 ; 案内所、インフォメーション 5級
- **weiter** 副 さらに先へ、さらに続けて 4級
- **Kaufhaus** 中 (-es/..häuser) デパート、百貨店 5級

3

R: **Um neun Uhr habe ich mit meiner Freundin eine Verabredung vor dem Kino. Ich glaube, es wird ein schöner Abend ...**

A: **Viel Spaß!**

R: 9時にガールフレンドと映画館の前で待ち合わせです。すてきな夜になると思うんですけど…。
A: 楽しんできてね！

- **Verabredung** 女 (-/-en) 会う約束、待ち合わせ、デート 2級
  - ➕ mit ③ eine Verabredung haben* 🅿 人³と待ち合わせ[約束、デート]がある 2級
  - ➕ mit ③ verabredet sein* 🅿 人³と待ち合わせ[約束]している 3級
- **glauben** 他 思う ; （主観的な理由から）推量する ; 信じる 5級
  - ➕ meinen 他 言う ; 思う、… という意見である 4級 (⇒1.22)
- **Viel Spaß !** 🅿 楽しんで（きて）ね、お楽しみに 4級
  - ➕ Sport macht Spaß. 🅿 スポーツは楽しい。
  - ➕ Ich habe dabei viel Spaß. 🅿 私はそうしている時がとても楽しい。

4

A: **Was ist denn los mit dir? Du siehst ja ganz blass aus.**

D: **Mir ist so schlecht. Und der ganze Bauch tut mir weh.**

A: ねえ、どうしたの。顔が真っ青よ。
D: とても気持ちが悪いんだ。それにお腹全体が痛い。

- **los sein*** 🅿 《口》（普通でないことが）起きた、生じた 3級

3

- ➕ geschehen* 自 ⓈＳ 起こる 4級 (⇒2.3)
- ➕ passieren 自 Ⓢ《口》(災難・不幸¹が) 起こる、ふりかかる 他 通過する 3級 (⇒4.2)
- ➕ ereignen 再 sich⁴ (事件などが) 起こる、発生する 3級

❑ **aus|sehen*** 自 (…のように) 見える、(…の) 様子をしている 4級

❑ **ganz** 副 まったく、完全に；とても；かなり 形 (例外なく) 全ての、全体の 5級

❑ **blass** 形 蒼白な；薄い 3級

❑ **Mir ist schlecht.** P (私は) 体の具合が悪い。5級
　　① 非人称表現だが、Es ist mir ... の語順にはならない。

❑ **weh|tun*** 自 (人³ は体¹ が) 痛い 2級
　　➕ Wo tut es weh? P どこが痛いのですか？

5

A: **Du siehst komisch aus. Hast du Fieber?**
R: **Ja, 38 Grad. Und Kopfschmerzen …**

A: あなた、様子が変ね。熱があるの？
R: はい、38度です。それに頭痛が… 。

❑ **komisch** 形 おかしい；《口》変な、妙な；体の調子がおかしい 3級

❑ **Fieber** 中 (-s/) 熱 5級
　　➕ Husten 男 (-s/) 咳 2級 (⇒7.17)
　　➕ Grippe 女 (-/-n) インフルエンザ 3級 (⇒2.9)

❑ **Grad** 男 (-(e)s/-e) 度；程度 3級

❑ **Kopfschmerzen** 複 頭痛 4級
　　➕ schmerzen 自 (体の部分・傷¹ が) 痛む 4級

6

R: **Gib mir bitte noch einen Löffel Gemüse und ein bisschen Fleisch.**
C: **Was??? Isst du denn noch mehr?**

R: 野菜を (調理用) スプーンにもう一杯、それにお肉を少し下さい。

C: ええ ??? もっと食べるの？

- **Löffel** 男 (-s/-) スプーン 4級
- **Gemüse** 中 (-s/-) 野菜 5級
    ① 主に単数形で用いる。生野菜として食べる場合は der Salat (サラダ)。
- **Fleisch** 中 (-(e)s/) 肉 5級
- **noch mehr** P さらにもっと、さらにそれ以上 4級

7

R: Weißt du denn, wofür man lernt?
C: Nun ja. Man lernt nicht für die Schule und nicht für die Eltern, sondern für sich selbst, für das eigene Leben.

R: そもそも何のために人は学ぶのか、わかってる？
C: そうねえ。学校のためでも、両親のためでもなく、自分自身のため、自分の人生のために学ぶのよね。

- **lernen** 他 学ぶ、学習する、習う 5級
    ① 不定詞を伴い、Auto fahren lernen (車の運転を習う) のように用いることもある。
- **nun ja** P そうだなあ、まあね 4級
- **sich selbst** P 自分自身 4級
- **eigen** 形 自分 (自身) の、自己の 4級

8

A: Oh, hast du gute Noten im Zeugnis! Aber du hast dich ja in Mathe verschlechtert. Wie kommt das denn?
D: Ich weiß nicht. Mutti, ich habe mir genau so viel Mühe gegeben wie im letzten Jahr.

A: あら、通知表の成績がいいじゃない！ でも、数学が悪くなったのね。ねえ、どうしてそうなったの？
D: わからない。お母さん、去年と同じように頑張ったんだよ。

- **Note** 女 (-/-n) 成績 3級

- ➕ Zensur 囡 (-/-en) 成績、評価 2級
- ⚠ ドイツでは学校の成績は6段階評価。1 = sehr gut（秀）, 2 = gut（優）, 3 = befriedigend（良）, 4 = ausreichend（可）, 5 = mangelhaft（不可）, 6 = ungenügend（不可、不十分）。

☐ **Zeugnis** 田 (-ses/-se) **成績証明書、通知表** 3級

☐ **Mathe** 囡 (-/) **(科目としての) 数学**（Mathematik の略）2級
- ➕ mathematisch 形 数学(上)の、数学的な 2級 (⇒5.13)

☐ **verschlechtern** 再 sich^4 **悪くなる、悪化する** 3級

☐ **kommen*** 自 ⓢ **来る；起こる、生じる** 4級
- ➕ Wie kommt es, dass ...? P どうして…なんですか？ 4級

☐ **genau** 副 **きちんと、ちゃんと、よく** 形 **正確な、精密な** 4級
- ➕ Genau! P（相手の発言を強く肯定して）そのとおり！ 5級

☐ **Mühe** 囡 (-/-n) **苦労、努力** 3級
- ➕ sich^3 mit ③ Mühe geben* P 事^{3}に尽力する、努力する 3級
- ➕ sich^4 bemühen, ... 〈zu 不定詞〉 P …しようと努力する 3級

---

9 R: **Oh, du hast einen Bruder? Was macht er denn?**
Studentin: **Er ist mit der Schule fertig. Er lernt jetzt Koch.**

R: え、兄弟がいるの？ いったい何をしているの？
学生：学校は終えたの。今、コックの見習い中。

☐ **Bruder** 男 (-s/Brüder) **兄、弟** 5級
- ➕ Geschwister 田 (-s/-) 兄弟姉妹 5級
- ➕ Haben Sie Geschwister? P 兄弟はいますか？

☐ **machen** 他 **する；作る** 5級
- ➕ (Das) macht nichts. P（謝罪に対して）何でもありません、大丈夫です。5級
- ➕ Was machst du? P（仕事は）何をしているのですか？ 職業は何ですか？ 5級

☐ **fertig** 形 **準備[用意]ができた；完成した** 5級
- ➕ mit ③ fertig sein* P 事^{3}が出来上がっている、完成している、終わっている
- ➕ ④ fertig haben* P 事^{4}が出来上がっている 4級

☐ **Koch** 男 (-(e)s/Köche) **料理人、調理師**（Köchin 囡 (-/-nen)）2級

Kapitel I

➕ kochen 他 料理する、調理する；煮る；ゆでる 5級 (⇒2.17)

10

R: **Ich wußte gar nicht, dass du in Handball so gut bist.**

Studentin: **Na ja, Sport liegt bei uns in der Familie. Meine Mutter war früher eine gute Handballerin.**

R: 君がそんなにハンドボールが上手だなんて全く知らなかったよ。
学生：まあ、我が家はスポーツが得意な家系だからね。母は以前すばらしいハンドボール選手だったの。

- ☐ **wissen*** 他 知っている、わかっている 5級
    ⓘ wissen は副文か、es, das, viel, nichts などの代名詞と共に用いる。
- ☐ **gar nicht** P まったく (…) ない 5級
- ☐ **in ③ gut sein*** P 事³ に強い (スポーツ・趣味など) 3級
- ☐ **Handball** 男 (-(e)s/) ハンドボール 2級
- ☐ **na ja** P (ためらいながら) そうだなあ、まあそうね 4級
- ☐ **in der Familie liegen*** P 一族に遺伝している 2級

11

R: **Weißt du, wann die Sommersemester-Klausuren enden?**

Studentin: **Schau doch mal in den Uni-Kalender! Sie enden am 1. August, glaube ich.**

R: いつ前期試験が終わるか、知ってる？
学生：ちょっとアカデミックカレンダーを見てよ。8月1日に終わると思うよ。

- ☐ **Sommersemester** 中 (-s/-) (大学の半年単位の学期の) 前期 4級
    ➕ Semester 中 (-s/-) 学期 4級
    ➕ Wintersemester 中 (-s/-) 後期 2級
- ☐ **Klausur** 女 (-/-en) (大学の) 筆記試験 2級
- ☐ **enden** 自 終わる 5級
    ➕ Ende 中 (-s/-n) 終わり 5級
    ⓘ 命令文では enden は用いられない。

- ➕ Machen Sie Schluss! ㊽ 終わりにしなさい。 4級
- ➕ Hören Sie auf! ㊽ やめなさい。 4級
- ➕ Sind Sie fertig? ㊽ 終わりましたか。 5級

- ☐ **Uni-Kalender** 男 (-s/-) アカデミックカレンダー、(大学の)年間予定表 2級
  - ➕ Uni 女 (-/-s) 《口》大学 3級 (⇒ 2.41)

12

A: **Diese Handtasche gefällt mir, die nehme ich. Kann ich mit Kreditkarte bezahlen?**

Verkäufer: **Nein, leider nicht. Wir nehmen nur Bargeld.**

A: このバッグが気に入ったわ。これにします。クレジットカードで払えますか？
店員：いいえ、残念ながらできません。現金しか受け付けておりません。

- ☐ **Handtasche** 女 (-/-n) ハンドバッグ 4級
- ☐ **gefallen*** 自 (人³の) 気に入る、好みである 5級
  - ❗ 主語は主に事物。
- ☐ **nehmen*** 他 (複数の可能性から一つを) 取る、選び取る 5級
- ☐ **Kreditkarte** 女 (-/-n) クレジットカード 3級
- ☐ **Bargeld** 中 (-(e)s/) 現金 3級
  - ➕ bar 形 現金の 4級

13

A: **Können Sie mir bitte Bücher zeigen, die für zehnjährige Kinder geeignet sind?**

Buchhändler: **Ich denke, hier können Sie etwas Passendes finden.**

A: 10歳の子供向けの本を見せて下さい。
書店員：こちらにふさわしいものがあると思います。

- ☐ **zeigen** 他 (人³に物⁴を) 見せる、示す 5級
- ☐ **..jährig** 形 …歳の 2級
  - ❗ 数字を用いる場合は、50-jährig のようにハイフンを挿入する。

Kapitel I

- **geeignet** 形 適した、ふさわしい 3級
- **denken*** 他 考える；思う 再 sich³(事⁴を)思い浮かべる、想像する 5級
    - ① 過去形・現在完了形では、「…だと思っていた」というように、しばしば「誤っていた推測」を表現。
- **passend** 形 ふさわしい、ぴったりの 4級
    - ➕ passen 自 (人³に) 合う、調和する；都合がいい 4級 (⇒4.4)

14

A: **Gehen Sie mit uns mittagessen?**

Kollege: **Es tut mir leid, aber ich habe schon eine Verabredung.**

A: 一緒にお昼を食べに行きますか？
同僚：残念だけど、もう約束があるんです。

- **gehen*** 自 (S) 行く 5級
    - ① 不定詞をともなって「…しに行く」を意味する。
    - ➕ schlafen gehen* P 寝に行く
- **mittagessen*** = zu Mittag essen 昼食を食べる 3級
    - ➕ essen* 他 食べる 5級
- **(Es) tut mir leid.** P 残念です、悪いけど、すみません (でも私には責任がありません)；(悲しいことに対して) お気の毒に。 5級
    - ➕ leid｜tun* 他 (人³にとって) 気の毒である 2級
    - ➕ Entschuldigen Sie (bitte)! P すみません。(自分に非があることを認める) 5級 (⇒1.2)
    - ➕ Schade!, Wie schade! P 残念だ。 4級
- **schon** 副 もう、すでに；すぐ (に)、早く 5級
    - ① 疑問詞のない疑問文では主に「もう、すでに」の意味で使われる。
    - ① すでに起こったことだけでなく、これからすぐ起こることについても用いられる。

15

A: **Hast du schon gehört? Unsere neue Abteilungsleiterin ist noch sehr jung, erst 35.**

Kollege: **Ich hoffe, sie ist fachlich auf dem Laufenden und leistet das Gleiche wie ihr Vorgänger.**

A: もう聞いた？ 私たちの今度の課長はまだとても若くて、35になったばかりよ。
同僚：最新の専門知識を持っていて、前任者と同じように仕事してくれたらいいけど。

- **Abteilungsleiter** 男 (-s/-) 課長 (Abteilungsleiterin 女 (-/-nen)) 2級
  - ✚ Abteilung 女 (-/-en) 部 (門)、課、局 3級 (⇒7.10)
  - ✚ Hauptabteilungsleiter 男 (-s/-) 部長 2級
  - ✚ Vorstandsmitglied 中 (-(e)s/-er) 取締役 2級
  - ✚ Generaldirektor 男 (-s/..toren) 社長；総支配人 2級

- **hoffen** 他 望む、希望する 5級
  - ✚ hoffentlich 副 望むらくは (…であれば) いいのだが 4級 (⇒3.17)
  - ✚ in der Hoffnung, dass ... P (…ということを) 期待しながら、希望しつつ 3級

- **fachlich** 形 専門的な 2級

- **laufend** 形 現在の、最新の 2級
  - ✚ auf dem Laufenden sein* P 最新の事情に通じている 2級

- **leisten** 他 業績を上げる、能力を発揮する 3級

- **Vorgänger** 男 (-s/-) 前任者 (Vorgängerin 女 (-/-nen)) 2級

16

R: **Hilfst du deinen Eltern oft im Haushalt?**

C: **Ja, ich bringe manchmal den Müll raus und decke den Tisch. Und gelegentlich helfe ich meiner Mutter beim Kochen.**

R: よくご両親の家事の手伝いもするの？
C: うん、時々ゴミ出しをするし、食卓の用意もするよ。それに機会があれば母の料理を手伝うし。

- **helfen*** 自 (人³の) 手伝いをする 5級
  - ⚠ 不定詞をともなって「…する手助けをする」を意味する。(例：Ich

10

helfe meiner Mutter kochen. 母の料理の手伝いをする。)
- **Haushalt** 男 (-(e)s/-e) 家事 3級
- **raus|bringen*** 他《口》運び出す 2級
- **Müll** 男 (-(e)s/) ゴミ 3級
- **decken** 他 覆う、かぶせる；かばう；償う 2級
  - ⊕ den Tisch decken P (クロスを掛け、食器を並べて) 食卓の用意をする
- **gelegentlich** 副 ついでの折に、折を見て、都合のいいときに 2級

17

Großvater: **Geht Daniel denn immer so spät schlafen?**
A: **Aber nein, gewöhnlich geht er zeitig ins Bett. Heute ist eine Ausnahme.**

祖父：ええっ、ダニエルはいつもこんなに遅く寝るのかい？
A: とんでもない。普段は早めにベッドに入ります。今日は例外です。

- **schlafen*** 自 眠る 5級
- **gewöhnlich** 形 普通の 副 通常、普通、一般に 3級
  - ⊕ gewöhnen 再 sich⁴ 〈an ④〉 (人・事⁴ に) 慣れる 3級 (⇒5.21)
  - ⊕ Gewohnheit 女 (-/-en) 習慣、癖；慣行 3級
- **zeitig** 形 早めの、早期の 副 早く 2級
- **Bett** 中 (-(e)s/-en) ベッド 5級
  - ⊕ ins Bett gehen* P 就寝する 4級
- **Ausnahme** 女 (-/-n) 例外 3級

18

R: **… so viele Leute diskutieren über Umweltprobleme.**
A: **Das finde ich auch wichtig, aber ich möchte, dass die Leute auch etwas dafür tun.**

R: こんなにたくさんの人が環境問題について論じています。
A: それも大切だと思うけど、この人たちには環境問題のために何か行動もしてほしい。

- **diskutieren** 他 議論する、論じ合う 3級
  - ➕ über ④ diskutieren ℗ テーマ⁴ について議論する、論じ合う
- **Umweltproblem** 中 (-s/-e) 環境問題 2級
  - ➕ Umwelt 女 (-/) 環境 4級
  - ➕ umweltfreundlich 形 環境にやさしい、環境を守る 2級 (⇒3.13)
  - ➕ Problem 中 (-s/-e) 問題、難題、困っていること 4級 (⇒2.47)
- **finden*** 他 見つける；思う；感じる；評価[判断]する 5級
  - ➕ Das finde ich auch. ℗ 私もそう思います。
  - ➕ Das finde ich schön. ℗ それは美しいと思う。
  - ➕ Wie finden Sie das Buch? ℗ この本をどう思いますか？

19
A: Was sagen Sie denn zu diesem Wetter?

Nachbar: Schrecklich, im März noch so eine Kälte. Aber lange wird es wohl nicht mehr so bleiben.

A: あの、この天気、どう思いますか？
隣人：最低ですよ、3月までまだこの寒さですから。でも、長くはこんなふうに続かないでしょう。

- **Was sagen Sie zu ③?** ℗ 事³ についてどう思いますか？ 5級
- **schrecklich** 形 ひどい；ものすごい；恐ろしい；嫌な 3級
- **Kälte** 女 (-/) 寒さ 4級
  - ➕ kalt 形 寒い、冷たい 5級
  - ➕ Wärme 女 (-/) 暖かさ (← warm) 3級
  - ➕ Hitze 女 (-/) 暑さ (← heiß) 4級
- **wohl** 副 (未来の助動詞 werden と共によく用いられて) (たぶん) …だろう；(疑問文で不確実さを強調して) …だろうか？ …かな？ 4級
- **nicht mehr** ℗ もはや[もう] (…で) ない 4級
  - ⚠ 不特定の名詞に付く場合は kein mehr を用いる。

Kapitel **I**

20
C: **Hast du sie gefragt, ob sie mit dir ins Kino gehen will?**
R: **Sie hat auf die Frage nicht geantwortet. Sie lächelte nur.**
C: **Keine Antwort ist ja auch eine Antwort.**

C: 彼女に一緒に映画に行きたいかどうか聞いたの？
R: 彼女、その質問に答えなかった。ほほえんでいただけ。
C: 答えないのも答えのうちね。

- **Frage** 女 (-/-n) 質問、問い；問題 5級
    - ⊕ fragen 他 尋ねる、問う 5級
- **antworten** 自 他 答える、回答する 5級
    - ⊕ (③) auf ④ antworten P (人³に対して) 事⁴に答える
- **lächeln** 自 ほほえむ、微笑する 4級
- **Antwort** 女 (-/-en) 答え 5級

21
B: **Sollen wir ab morgen eine Stunde später mit der Sitzung beginnen?**
Kollegin: **Ja gerne. Für mich ist diese frühe Arbeitszeit nicht günstig. Ich muss mein Kind noch vor der Arbeit in den Kindergarten bringen.**

B: 明日から1時間遅くミーティングを始めることにしようか？
同僚：いいわね。私にとって今のこの早い就業時間は都合がよくないのよ。仕事が始まる前に子供を幼稚園に連れて行かなきゃならないから。

- **Sitzung** 女 (-/-en) 会議、ミーティング 3級
- **beginnen*** 他 始める 自 始まる 5級
    - ⊕ mit ③ beginnen* P 事³で［から、を］始める、始まる 5級
    - ⊕ an｜fangen* 自 始まる 他 始める 4級 (⇒1.1)
- **günstig** 形 好都合な、有利な；好評の 3級
- **noch** 副 まだ (…しない) うちに；(近い未来に関して) なおも、まだこれから (も)；やはり 5級

- **Kindergarten** 男 (-s/..gärten) 幼稚園 4級
  - ⊕ Kindergärtner 男 (-s/-) 幼稚園の先生 (Kindergärtnerin 女 (-/-nen)) 2級

22

Kollegin: **Ich mache meine Einkäufe immer zu Fuß. Anstrengend, finde ich, aber gesund, meint mein Mann.**
B: **Dein Mann hat recht. Man braucht körperliche Bewegung!**

同僚：私はいつも歩いて自分の買い物をしているのよ。きついと思うけど、でも健康にいいって主人は言うの。
B: ご主人のおっしゃるとおり。人は運動が必要ですから。

- **Einkauf** 男 (-(e)s/..käufe) 買物；購入；購入品 3級
  - ⊕ Einkäufe machen P 買い物[ショッピング]をする 3級
  - ⊕ ein|kaufen 自他 (物⁴の) 買い物をする 4級 (⇒4.31)

- **anstrengend** 形 身体を疲れさせる、骨の折れる 2級
  - ⊕ an|strengen 再 sich⁴ 努力する、懸命に頑張る 3級 (⇒6.20)

- **meinen** 他 言う；思う、… という意見である 4級
  - ⚠ 過去形・現在完了形では、「…だと思っていた」というように、しばしば「誤っていた推測」を表現。
  - ⊕ glauben 他 思う；(主観的な理由から) 推量する；信じる 5級 (⇒1.3)
  - ⊕ meiner Meinung nach P 私の意見では 4級

- **recht haben*** P (言うことが) 正しい 5級
  - ⊕ recht 形 正しい、望ましい；右の 5級
  - ⊕ Das stimmt. P その通りです。3級 (⇒7.22)

- **brauchen** 他 必要とする；(時間が) かかる 5級

- **körperlich** 形 体の、身体[肉体](上)の 2級
  - ⊕ Körper 男 (-s/-) 体、肉体 4級

- **Bewegung** 女 (-/-en) 動き、運動、動作 3級
  - ⊕ bewegen 他 動かす 再 sich⁴ 動く 3級 (⇒2.6)

Kapitel I

23

B: **Hast du das Auto gebraucht gekauft? Wie bist du damit zufrieden?**

Kollegin: **Als ich es kaufte, sah es wie neu aus. Aber nur außen. Ich habe einen Fehler gemacht, glaube ich.**

B: 車を中古で買ったの？ どれくらい満足してるんだい？
同僚：買ったときは新しいように見えたのよ。でも、見かけだけ。失敗だったと思う。

- **gebraucht** 形 使用された、使い古しの、中古の 3級
  - ⊕ gebrauchen 他 用いる、使用する、利用する 4級 (⇒4.28)
- **kaufen** 他 買う 5級
  - ⊕ Kauf 男 (-(e)s/Käufe) 買物 5級
- **wie neu aus | sehen*** P 新品に見える
- **außen** 副 外に、外側に、外部に 4級
  - ⊕ innen 副 中に、内側に、内部に 4級
- **Fehler** 男 (-s/-) ミス、間違い；欠点 4級
  - ⊕ fehlen 自 欠けている；欠席している 4級 (⇒3.8)

24

A: **Da hat jemand seinen Wagen vor meinen geparkt. Wie soll ich denn da rausfahren?**

Kollege: **Wartest du darauf, dass dieser Mensch kommt? Oder rufst du sofort die Polizei?**

A: そこで誰かが私の車の前に駐車してるの。ねえ、どうやってそこから出したらいいかな？
同僚：その人が来るまで待つ？ それともすぐ警察を呼ぶ？

- **parken** 自 他 駐車する 4級
  - ⊕ Parkplatz 男 (-es/..plätze) 駐車場 3級
  - ⊕ ab | stellen 他 (機器⁴を) 切る、消す；しまう；(車⁴を) 駐車する 2級 (⇒3.4)
- **raus | fahren*** 他 ⓢ 《口》(外に) 出す 自 ⓢ 《口》(外に) 出てくる 2級
  - ⓘ heraus | fahren* の形でも用いられる。
- **warten** 自 〈auf ④〉(人・物⁴を) 待つ 5級

- ❏ **rufen*** 他（電話で）呼ぶ、呼び寄せる 4級
    - ➕ ein Taxi rufen* ℙ タクシーを呼ぶ
    - ➕ einen Arzt rufen* ℙ 医者を呼ぶ
- ❏ **sofort** 副 ただちに、即座に 5級
    - ➕ gleich 形 同じ 副 すぐ (に)、間もなく 5級

---

25 Kollegin: **Gehen wir zur Mittagspause! Wenn man sich nicht beeilt, sind die leckeren Gerichte meist schon weg.**
B: **Hat die Kantine denn schon geöffnet?**

同僚：昼休みにしましょう。急がないと、おいしい料理はほとんどなくなってしまうわ。
B: 社員食堂はもう開いているのかな？

- ❏ **Mittagspause** 女 (-/-n) 昼休み 2級
    - ➕ zur Mittagspause gehen* ℙ 昼休みをとる
- ❏ **beeilen** 再 sich⁴ 急ぐ 3級
    - ➕ Eile 女 (-/) 急ぎ 3級
    - ➕ eilig 形 急を要する、緊急の 2級
- ❏ **weg sein*** ℙ なくなっている 2級
- ❏ **lecker** 形 おいしい 2級
- ❏ **Gericht** 中 (-(e)s/-e) （温かい）料理；裁判所 3級
- ❏ **meist** (viel の最上級) 形 たいていの、ほとんどの、大部分の、大多数の 副 たいていの場合、大部分は；最も多くの 4級
- ❏ **Kantine** 女 (-/-n) 社員 [従業員] 食堂 3級
- ❏ **öffnen** 他 開く 自 開く 5級
    - ➕ auf | machen 自 開く、開業する、オープンする 4級 (⇒ 4.36)

Kapitel I

26
A: Die Preise werden nächstes Jahr unglaublich steigen, meinte Professor Werner im Interview.

B: Das sehe ich auch so. Unser Traum vom Eigenheim rückt damit wohl in weite Ferne.

A: 物価が来年信じられないくらい上昇するだろう、とヴェルナー教授がインタビューで言ってたよ。
B: 僕もそんなふうに見てる。これで僕らのマイホームの夢も遠のくね。

- **Preis** 男 (-es/-e)（複数で）物価；値段、価格；賞 4級
- **unglaublich** 形 信じられない 2級
- **steigen*** 自 (S) 上がる、上昇する；登る 5級
- **Interview** 中 (-s/-s) インタビュー 3級
- **Eigenheim** 中 (-(e)s/-e) 持ち家 2級
- **in weite Ferne rücken** P 遠のく 2級
- **nächstes Jahr** P 来年 4級
  ① 同じ意味で im nächsten Jahr も用いられる。

27
A: Hast du das Essen schon ausgesucht? Oder brauchst du noch einmal die Speisekarte?

B: Nein, ich weiß aber noch nicht, was ich zu trinken bestelle.

A: 食べるものはもう決まったの？ それとも、もう一度メニューがいる？
B: いらないけど、どの飲み物を注文するか、まだわからないんだよ。

- **aus|suchen** 他 選ぶ、選び出す 3級
- **Speisekarte** 女 (-/-n) メニュー 4級
  ➕ Menü 中 (-s/-s) 定食、コース料理 4級
- **noch einmal** P もう一度 5級
- **noch nicht** P まだ…ない、未だに…ない 5級
  ①（不特定の）名詞に付く場合は noch kein を用いる。
- **bestellen** 他 注文する 5級

Kapitel II

(4級中心 ①)

1

Japanischer Kollege: **Meine Frau träumt schon seit Langem von einer italienischen schicken Handtasche.**

A: **Auch in Deutschland gibt es viele bekannte Marken wie Aigner oder MCM sehr günstig.**

日本人の同僚：妻がずっと前からイタリア製のシックなハンドバッグを夢に見てるんだよ。
A: ドイツにだって有名なブランドがたくさんあるわ。例えば、アイグナーや MCM なんかはとても好評よ。

- **seit Langem** ℗ ずっと以前から、ずっと前から 2級
  - ⊕ seit Längerem ℗ しばらく [かなり、だいぶ] 前から
- **schick** 形 シックな 3級
  - ⓘ フランス語の chic もドイツ語で用いられるが、名詞を修飾する場合は schick が用いられる。
- **Es gibt** 4. ℗ 《非人称》物⁴ がある、存在する。 4級
- **bekannt** 形 よく知られた、有名な ; 知り合いの 4級
  - ⊕ bekannt werden* ℗ 知られる、知れわたる ; 知り合いになる
- **Marke** 女 (-/-n) ブランド ; 切手、券 ; しるし 3級

2

A: **Ist es wahr, dass du jeden Morgen um fünf Uhr aufstehst? Das kann ich mir gar nicht vorstellen.**

Kollege: **Aber ja! Das ist gut für die Gesundheit. Du solltest es einmal probieren!**

A: 毎朝 5 時起きって本当？ ぜんぜん想像できない。
同僚：そうなんだってば！ 健康にいいんだよ。一度試した方がいい。

- **wahr** 形 本当の、真実の 4級
  - ⊕ Stimmt es, dass ... ? ℗ … は本当ですか？
- **vor | stellen** 再 sich³ (事・人⁴ を) 想像する、思い浮かべる ; sich⁴ (人³ に) 自己紹介をする 他 前に立てる [置く] ; (人³ に人⁴ を) 紹介する 4級
  - ⊕ vorstellbar 形 想像できる 2級
  - ⊕ unvorstellbar 形 想像できない 2級
- **Gesundheit** 女 (-/) 健康 3級

Kapitel II

➕ für die Gesundheit sein* ℗ 健康によい
➕ gesund 形 健康な (比較級・最上級は gesünder, gesündest) 5級

☐ **gut für ④ sein*** ℗ 事⁴ に (対して) 良い 4級

3

A: **Im Radio haben sie gesagt, vor einer Stunde sei auf der Autobahn ein Lkw mit Benzin umgestürzt.**
B: **Ich hoffe, es ist nichts Schlimmes geschehen ...**

A: ラジオで言ってたよ、1時間前にアウトバーンでガソリンを積んだトラックが横転したんだって。
B: ひどいことになってなきゃいいんだけど。

☐ **Radio** 中 (-s/-s) ラジオ 4級
　➕ ④ im Radio hören ℗ 事⁴ をラジオで聴く
　➕ das Radio an|machen ℗ ラジオをつける
　➕ das Radio leiser stellen ℗ ラジオの音を小さくする

☐ **sei** sein の接続法Ⅰ式形。間接引用に用いられている。

☐ **Autobahn** 女 (-/-en) アウトバーン、自動車専用道路、高速道路 4級
　➕ Bahn 女 (-/-en) 鉄道、(路面) 電車 4級 (⇒4.38)

☐ **Lkw, LKW** 男 (-(s)/-s) トラック 3級

☐ **Benzin** 中 (-s/-e) ガソリン 4級

☐ **um|stürzen** 自⑤ ひっくり返る 他 ひっくり返す 3級

☐ **schlimm** 形 悪い、ひどい、困った、深刻な 4級

☐ **geschehen*** 自⑤ 起こる 4級
　➕ (Bitte,) gern(e) geschehen! ℗ (お礼を言われて)どういたしまして。
　➕ passieren 自⑤《口》(災難・不幸 [1] が) 起こる、ふりかかる 他 通過する 3級 (⇒4.2)

4

A: **Was wäre denn ein gutes Geschenk für unseren Onkel Karl? Er will nicht, dass wir ihm etwas schenken.**
B: **... obwohl er doch seinen 60. Geburtstag hat!**

A: 叔父さんへの贈り物は何がいいかな。私たちにはプレゼントなんかほしく

21

ないと言うんだけど。
B: … でも彼は還暦なのになあ。

- **Geschenk** 中 (-(e)s/-e) プレゼント、贈り物 4級
  - ⊕ Als Geschenk, bitte. 🅿 プレゼント用にお願いします。
- **schenken** 他 送る、プレゼントする 5級
- **Onkel** 男 (-s/-) 叔父、伯父 4級
- **wollen*** 他 (…を) 欲する 助 (…と) 主張する、言い張る 4級
- **Geburtstag haben*** 🅿 誕生日を迎える
  - ① 本文のように「何回目の」という序数詞が用いられる場合は、所有冠詞も同時に用いる。

5

A: **Warum war Chris denn beleidigt, als wir im Restaurant waren?**

R: **Ich hatte gesagt, sie sehe „rundlicher" aus als vor einem halben Jahr.**

A: ねえ、レストランにいるとき、なんでクリスはムッとしてたの？
R: 半年前より少し丸くなったね、と言ったから。

- **beleidigt** 形 気分を害した、むくれている 2級
  - ⊕ beleidigen 他 侮辱する 3級
- **rundlich** 形《口》丸みを帯びた；丸ぽちゃの、ふっくらした 2級
  - ⊕ rund 形 丸い 5級

6

D: **Mein Freund Richard ist von einem Baum heruntergefallen. Er hat große Schmerzen und kann das Bein kaum bewegen.**

A: **Oh, schlimm! Ist er jetzt im Krankenhaus?**

D: 友達のリヒャルトが木から落ちたんだよ。痛みがひどくて、ほとんど足を動かすことができないんだって。
A: それはひどい。今、病院にいるの？

Kapitel II

- **herunter | fallen*** 圓 ⓢ 上から落ちてくる 2級
- **kaum** 副 ほとんど … ない 4級
    - ➕ **selten** 副 めったに…ない 5級
    - ➕ **unmöglich** 副 決して … ない 4級
    - ➕ **schwerlich** 副 ほとんど…ないだろう 2級
- **bewegen** 他 動かす 圓 動く 3級
    - ➕ **Bewegung** 囡 (-/-en) 動き、運動、動作 3級 (⇒1.22)
- **Krankenhaus** 中 (-es/..häuser) 病院 4級
    - ➕ **Krankenwagen** 男 (-s/-) 救急車 3級 (⇒2.8)

7

A: Ich habe ein Stück Kuchen mitgebracht. Sollen wir das teilen?
B: Ja gerne. Ich möchte aber nur ein kleines Stückchen probieren.

A: ケーキ1個、買ってきたのよ。分けましょうか？
B: いいね。でも僕はほんの1切れ味見するだけでいいよ。

- **Stück** 中 (-(e)s/-e) **1個、1品、1部** 4級
    ⓘ 個数を数える単位では複数形を用いない。
- **mit | bringen*** 他 持ってくる、(人⁴ を) 連れてくる；持っていく、(人⁴ を) 連れていく；買って帰る 4級
- **teilen** 他 分ける、分け合う、シェアする 3級
- **Stückchen** 中 (-s/-) 小さい1個 2級
    ⓘ Stück の縮小形。
- **probieren** 他 試す；試食する、試飲する、食べてみる 4級

8

A: Wann bist du heute aufgestanden?
R: Um 6 Uhr schon. Der Krankenwagen hat mich mit seiner Sirene geweckt.

A: 今日、何時に起きたの？
R: 6時にはもう起きました。救急車のサイレンで目が覚めたんです。

- [ ] **auf | stehen*** 自⑤ 起きる、起床する；立ち上がる 4級
- [ ] **Krankenwagen** 男 (-s/-) 救急車 3級
    - ➕ Krankenhaus 中 (-es/..häuser) 病院 4級 (⇒2.6)
- [ ] **Sirene** 女 (-/-n) サイレン 2級
- [ ] **wecken** 他 (人⁴ を) 起こす 3級

9

A: **Hast du Fieber? Hast du gemessen?**
R: **Ja, ich habe 38,5 Grad. Ich fühle mich gar nicht gut. Ich glaube, ich habe Grippe. Ich gehe gleich zum Arzt.**

A: 熱があるの？ 計った？
R: はい、38 度 5 分です。気分がぜんぜん良くありません。インフルエンザだと思います。すぐお医者さんに行きます。

- [ ] **messen*** 自他 計る、測る、量る 4級
    - ➕ Fieber messen* P 熱を計る
- [ ] **fühlen** 再 sich⁴ (…と) 感じる 4級
- [ ] **Grippe** 女 (-/-n) インフルエンザ 3級
    - ➕ Fieber 中 (-s/) 熱 5級 (⇒1.5)
    - ➕ Husten 男 (-s/) 咳 2級 (⇒7.17)
    - ➕ Grippe [Fieber, Husten] haben* P インフルエンザにかかる [熱 [咳] が出る]

10

Nachbarin: **Mein Enkel kann sehr schnell im Kopf rechnen.**
B: **Aber nur das kleine Einmaleins, oder?**

隣人：うちの孫は暗算がとても速くできるのよ。
B: でも、九九だけでしょ？

- [ ] **rechnen** 自他 計算する 4級
    - ➕ Rechnung 女 (-/-en) 計算；勘定 (書) 4級
    - ➕ auf ④ rechnen P 人⁴ を当てにする、頼りにする 4級
    - ➕ mit ③ rechnen P 事³ を考慮に入れる、予想する、覚悟する 4級
      (⇒5.28)

Kapitel II

- **Einmaleins** 田 (-/) 九九 2級
  ➕ das kleine Einmaleins P 10×10 までの掛け算
- **…, oder ?** 圏 そうでしょう、違いますか 4級
  ⓘ 文末で、肯定を期待して確認するのに用いる。

11
C: Du weißt nicht, wo diese Landschaft in Japan liegt? Kannst du dich denn nicht mehr an deine Heimat erinnern?
R: Seit ich in Deutschland bin, habe ich scheinbar Japan vergessen …

C: この風景が日本のどこか、わからないの？ もう故郷のことなんて思い出さないのかな？
R: ドイツに来てから、僕が日本のことを忘れてしまったように見えるかもしれないけど…。

- **Landschaft** 女 (-/-en) 景色、風景 4級
- **erinnern** 再 sich⁴ ⟨an ④⟩ (事⁴ を) 思い出す、覚えている 他 思い出させる 4級
- **scheinbar** 副 表面上は、外見上は、見かけは 形 見かけの 2級

12
A: Er ist ja ein sehr stiller und zurückhaltender Mensch. Ich war wirklich überrascht, dass er eine so lustige Frau hat.
B: Ich auch, die beiden sind sehr verschieden.

A: 彼はとても物静かで控えめな人よね。あんな陽気な奥さんがいるなんて、本当に驚いた。
B: 僕もだよ。あの 2 人は本当に違うね。

- **still** 形 もの静かな、無口な；静止した 4級
- **zurückhaltend** 形 控えめな、遠慮がちな 2級
  ➕ zurück | halten 再 sich⁴ 出しゃばらない、控えめにする 3級

- [ ] **wirklich** 副 本当に、実に、まったく 形 現実の 4級
- [ ] **überrascht sein*** P 驚く 3級
    - ⊕ **überraschen** 他（人⁴を）驚かせる；喜ばせる 3級（⇒5.7）
    - ⊕ **erstaunt über** 4 **sein*** P 予期しない事⁴に驚く 3級
- [ ] **lustig** 形 愉快な 3級
- [ ] **verschieden** 形 異なった、違う；種々の、多様な 4級

13

D: Fifi ist weggelaufen!

A: Da brauchst du doch nicht zu weinen. Hunde finden selbst nach Hause. Er kommt sicher bald zurück.

D:（犬の）フィフィーがいなくなっちゃったよ！
A: それなら泣くこともないじゃない。犬というものは自分で家へ帰ってくるものよ。きっとじきに戻ってくるわ。

- [ ] **weg | laufen*** 自 ⓢ 走り去る、逃げ去る 2級
- [ ] **weinen** 自 泣く 4級
- [ ] **nach Hause finden*** P 道に迷わず帰宅できる 2級
- [ ] **zurück | kommen*** 自 ⓢ 帰ってくる、戻ってくる 3級

14

R: Du klingst nicht besonders fit und munter. Was ist los?

C: Danke, dass du dich um mich sorgst! Da geht es mir gleich besser.

R: あまり調子が良くなさそうだし、元気がないみたい。どうしたの？
C: 心配してくれてありがとう。これでさっそく元気が出てきた。

- [ ] **klingen*** 自（…に）聞こえる、（…と）思われる；鳴る 2級
- [ ] **fit** 形 体の調子がいい、コンディションがいい 3級
- [ ] **munter** 形 活発な、生き生きした、元気のよい；起きている 2級
- [ ] **sorgen** 自 面倒を見る、心を配る 4級
    - ⊕ **sich⁴ um** 4 **sorgen** P 物⁴を気遣う、心配する 4級

Kapitel II

➕ Sorge 女 (-/-n) 心配、配慮 4級

15
R: **Kommst du mit Fußball spielen?**
Freundin: **Ich würde gern dabei sein, aber das geht leider vorläufig nicht. Ich habe mich neulich am Knie verletzt.**

R: 一緒にサッカーでもしに来ない？
友人: そうしたいところなんだけど、残念ながら当分の間はダメ。この間、膝をけがしたの。

- **dabei sein*** P それに従事している、それに取り組んでいる 4級
  ➕ dabei 副 それでいて；その場合；それなのに 4級 (⇒2_16)
- **Das geht nicht.** P それはできない、ダメである。5級
  ➕ Das geht gar nicht. P それは絶対ダメです。
  ➕ Das geht so. P 大丈夫です。
- **vorläufig** 副 さし当り、当分の間、暫定的に 4級
- **verletzen** 再 sich⁴ けがをする 他 傷つける 3級
  ➕ Verletzung 女 (-/-en) けが、負傷 3級 (⇒6_1)

16
A: **Es wundert mich, dass das Schnitzel unheimlich lecker, dabei aber so preiswert war.**
R: **Und ich habe mich gewundert, dass du so viel Trinkgeld gegeben hast.**

A: このシュニッツェル、ものすごくおいしいのに、それでいてこんなにリーズナブルだなんて驚きよ。
R: 僕は、あなたがあんなにたくさんチップをあげたことに驚きました。

- **wundern** 他 (人⁴ に)変だと思わせる、(人⁴ を)不思議[不審]がらせる 4級
  ➕ bewundern 他 (人⁴ に) 感心する、敬服する、感嘆して驚く 2級 (⇒6_26)
  ➕ sich⁴ (über [4]) wundern 再 (事⁴ を) 変だと思う、不思議[不審]に思う 4級

27

- ➕ wunderbar 形 驚くべき、すばらしい 副 とても 4級 (⇒7.16)
- ❏ **Schnitzel** 中 (-s/-) シュニッツェル、薄切り肉のカツレツ 4級
- ❏ **unheimlich** 副《口》ものすごく、非常に 3級
- ❏ **dabei** 副 それでいて；その場合；それなのに 4級
  - ➕ dabei sein* P それに従事している、それに取り組んでいる 4級 (⇒2.15)
  - ➕ dabei aber = aber dabei P (前の語句を強調して) 本当に、まったく
- ❏ **preiswert** 形 手ごろな、リーズナブルな 4級
  - ➕ billig 形 安い、安っぽい 5級
  - ➕ teuer 形 値段が高い 5級 (⇒4.8)
- ❏ **Trinkgeld** 中 (-(e)s/-er) チップ 3級

17

A: **Was möchtest du als Beilage zum Schweinebraten?**
Soll ich die Kartoffeln braten oder kochen?
B: **Du weißt doch, ich esse lieber Bratkartoffeln.**

A: ローストポークの付け合せは何がいい？ ジャガイモを油で炒めようか？
それとも、ゆでようか？
B: 知ってるだろ、僕がジャーマンポテトの方が好きなのは。

- ❏ **Beilage** 女 (-/-n) 付け合せ、添え物 2級
- ❏ **Schweinebraten** 男 (-s/-) 豚の焼き肉、ローストポーク 2級
  - ❗ 豚のすね肉料理には、die Schweinshaxe [Schweinshachse] や、(塩漬けにした) das Eisbein などがある。
- ❏ **braten*** 他 (肉⁴などを) 焼く、ローストする；油で炒める 4級
- ❏ **kochen** 他 料理する、調理する；煮る；ゆでる 5級
  - ➕ Koch 男 (-(e)s/Köche) 料理人、調理師 2級 (⇒1.9)
- ❏ **lieber** 副 より好ましい、むしろ [いっそ] (…の方が) いい 4級
- ❏ **Bratkartoffeln** 複 油で炒めたジャガイモ、ジャーマンポテト 2級
- ❏ **Kartoffel** 女 (-/-n) ジャガイモ 4級

Kapitel II

18

D: Mutti, ich habe heute Nacht schlecht geträumt. Heute haben wir doch den Test in Englisch.

A: Wenn du gelernt hast und gut vorbereitet bist, kannst du keine schlechte Note bekommen.

D: 母さん、昨日の夜、悪い夢を見たんだ。今日、英語のテストがあるのに。
A: 勉強してしっかり準備しておけば、悪い成績はとらないわよ。

- **heute Nacht** P 昨夜、昨日の夜; 今夜 5級
- **träumen** 自 〈von ③〉 (事³ を) 夢見る、(事³ の) 夢を見る 4級
  - ➕ Traum 男 (-(e)s/Träume) 夢 4級
- **Test** 男 (-(e)s/-s,-e) テスト 2級
- **vor｜bereiten** 他 (事⁴ の) 準備をする 3級
  - ➕ sich⁴ auf ④ vor｜bereiten P 事⁴ に向けて準備する 3級
  - ➕ bereit 形 準備ができている 4級
- **bekommen*** 他 手に入る、手に入れる、もらう; (状態⁴ に) なる 5級
  - ➕ Kopfschmerzen bekommen* P 頭痛になる
  - ➕ Hunger bekommen* P お腹がすく
  - ➕ Angst bekommen* P 不安になる

19

D: Was bedeutet „Quadratwurzel"?
A: Hast du das noch nicht in der Schule gelernt? Das ist ein Begriff aus der Mathematik.

D: 「ルート」はどういう意味？
A: それ、まだ学校で習ってなかったの？数学の概念よ。

- **bedeuten** 他 意味する 4級
  - ➕ heißen 自 (…と) 呼ばれる; (…という) 意味である 他 名付ける 5級
- **Quadratwurzel** 女 (-/-n) 平方根 ($\sqrt{\ }$) 2級
- **Begriff** 男 (-(e)s/-e) 概念 2級
  - ➕ ein Begriff aus der Physik [Medizin] P 物理学 [医学] の概念
- **aus ③** P 科目³ (から) の 3級

20

R: **Ich habe schon wieder den Namen des Autors vergessen. … Ich glaube, aus mir wird nie ein guter Germanist.**

Professorin: **Sie werden es schon noch lernen.**

R: その著者の名前をついまた忘れていました。僕はきっと良いドイツ語学者になれないと思います。
教授：これからもっと勉強するんですよ。

- **schon wieder** P またもや、もうまた（間をおかずに繰り返されたことに驚き・不快感を示す）4級
- **Autor** 男 (-s/..toren) 著者、作者 (Autorin 女 (-/-nen)) 4級
- **vergessen*** 他 忘れる 4級
    ① この動詞は常に過去形・現在完了形で用いられる。
- **aus ③ werden*** P 人・物³ から生じる 3級
- **Germanist** 男 (-en/-en) ㊳ ドイツ語学者 [文学者] (Germanistin 女 (-/..tinnen)) 4級
    ➕ Germanistik 女 (-/) ドイツ語学 [文学]（研究）4級
    ➕ Anglistik 女 (-/) 英語学 [文学]（研究）2級

21

R: **Ich muss jetzt langsam nach Hause gehen. Vielen Dank für die Einladung.**

Bekannte: **Es hat mich sehr gefreut, Sie wiederzusehen. Vielen Dank noch mal für das Geschenk.**

R: もうそろそろ帰らなければ。招待してくれて本当にありがとう。
知人：またお会いできて、とても嬉しかった。改めてプレゼントもありがとう。

- **langsam** 副 そろそろ、ぼつぼつ；ゆっくり 形 遅い 4級
- **Einladung** 女 (-/-en) 招待、おごり 4級
    ➕ ein｜laden* 他 招く、招待する 4級 (⇒2.35)
- **freuen** 再 sich⁴ うれしい 4級
    ➕ Freude 女 (-/-n) 喜び 4級
    ➕ froh 形 うれしい、楽しい（内面の様子）4級 (⇒6.24)
    ➕ fröhlich 形 楽しげな、愉快な（見た目の様子）2級
- **wieder｜sehen*** 他 (人⁴に) 再会する 2級

Kapitel II

○ Auf Wiedersehen! P さようなら (再会を期して)。5級
☐ **noch mal** P 《口》もう一度、再び 5級
  ① nochmal と 1 語で綴られることがある。

22 R: **Warum hast du so lange geschwiegen? Ich wusste nichts von deiner Hochzeit!**
Freundin: **Ich habe dir mehrere Mails geschickt und dich um eine Antwort gebeten. Hast du deine E-Mail-Adresse geändert?**

R: なぜそんなに長いこと黙ってたの？ 君の結婚について何も知らなかった！
友人: 私は何通もメール送って、返事をくれるように頼んだんだけど。メール・アドレスを変えたの？

☐ **schweigen*** 自 黙る、沈黙する 4級
  ○ Schweig! P 黙れ。
  ○ Sei Still! P 静かに。
☐ **Hochzeit** 女 (-/-en) 結婚 (式) 4級
☐ **mehrere** 形 いくつかの、いくつもの 4級
☐ **bitten*** 他 頼む、お願いする 5級
  ○ um Antwort bitten* P 返事を頼む
  ○ 4 um 4 bitten* P 人⁴ に事⁴ を頼む、お願いする
☐ **E-Mail-Adresse** 女 (-/-n) E メール・アドレス 3級

23 Professorin: **Was interessiert Sie denn besonders an Deutschland? Die Politik oder eher die sozialen Verhältnisse?**
R: **Ich interessiere mich für die internationalen politischen Beziehungen.**

教授: 君は、特にドイツの何に関して興味があるんですか？ 政治ですか、それともむしろ社会情勢ですか？
R: 国際 (政治) 関係に興味があります。

- **interessieren** 他 興味を抱かせる、関心を起こさせる 4級
    - ➕ sich⁴ für ④ interessieren ℗ 事⁴に興味がある
- **besonders** 副 特に 4級
    - ➕ besonder 形 特別な 4級 (⇒3.21)
- **Politik** 女 (-/) 政治 （英語 politics） 3級
    - ➕ Politiker 男 (-s/-) 政治家 (Politikerin 女 (-/-nen)) 4級
- **eher** 副《口》（どちらかといえば）むしろ;《bald の比較級》より早く 4級
- **sozial** 形 社会の、社会的な 3級
- **Verhältnis** 中 (-ses/-se) 関係;比率;《複数》状態、状況 3級
- **international** 形 国際的な 3級
- **politisch** 形 政治の、政治的な 3級
- **Beziehung** 女 (-/-en) 関係;コネ、つて 4級
    - ➕ beziehen* 他 かぶせる;引き移る;得る 再 sich⁴ 関係する 2級

---

24 Studentin: **Schade, dass ich das Praktikum nicht in meinem Heimatort machen kann.**

R: **Vielleicht kann dein Prof dir helfen. Sprich doch mal mit ihm!**

学生:実習を故郷でできないなんて残念だな。
R: ひょっとしたら君の教授が力添えをしてくれるかもよ。ぜひ一度話してみて。

- **(Es ist) schade** ℗ 残念に思う、残念だ 4級
    - ➕ Wie schade! ℗ 残念!
    - ➕ Es ist schade um ④. ℗ 人⁴は気の毒である、事⁴は残念だ、惜しい、もったいない。
- **Praktikum** 中 (-s/Praktika) 実習、研修、インターンシップ 3級
    - ⓘ 語末の -um にアクセントのない名詞は、主にラテン語由来の中性名詞である（例外:der Irrtum（間違い）、der Reichtum（富））。
    - ➕ ein Praktikum machen ℗ 実習[研修]する
    - ➕ Praktikant 男 (-en/-en) 弱 実習生、研修生、インターン (Praktikantin 女 (-/-nen)) 3級 (⇒2.30)
- **Heimatort** 男 (-(e)s/-e) 故郷（の町）、出身地、出生地 2級

Kapitel II

➕ Heimat 囡 (-/-en) ふるさと 5級

☐ **Prof** 男 (-s/-s) 囡 (-/-s)《口》**教授** 3級

> ⓘ Prof は der Professor, die Professorin の両方に用いられる。
> ⓘ この語と die Uni (大学), Studi (学生；男女同形、複数 die Studies) などは、学生ことば。

☐ **sprechen*** 他 **話す** 5級

➕ über ④ sprechen* ℗ テーマ⁴ について話す
➕ von ③ sprechen* ℗ 人・事³ のことを話す、人³ の噂をする

---

25 Studentin: **Wollen wir in die Disco gehen?**
R: **Wie kommst du denn gerade auf mich? Mir liegt das nicht. Ich fürchte, man würde mich nur auslachen.**

学生：ディスコに行かない？
R: どうしてよりによって僕なの？ そういうのは性に合わないよ。笑いものになるのがただ怖いんだよ。

☐ **Disco** 囡 (-/-s) **ディスコ** 2級

> ⓘ ディスコは、ベルリンなどの大都会で人気がある。

☐ **auf** ④ **kommen*** ℗ **事⁴ を思いつく** 4級

☐ ③ **liegen*** ℗ **人³ に向いている** 4級

➕ Mir liegt das. = Mir gefällt das. ℗ 私向きだ。

☐ **fürchten** 他 **不安に思う、心配する；恐れる** 再 sich⁴ 恐れる 4級

➕ sich⁴ vor ③ fürchten ℗ 人・物³ を恐れる
➕ Furcht 囡 (-/) 恐れ 2級

☐ **aus|lachen** 他 **あざ笑う、笑いものにする** 2級

---

26 R: **In der Mensa gibt es freitags immer gebratenen Fisch mit Kartoffelsalat. Der ist bestimmt lecker.**
Studentin: **Ich hasse Fisch. Ich nehme spanisches Omelett.**

R: 毎週金曜は学食にポテトサラダ付きの焼き魚があるよ。きっとおいしいよ。
学生：私、お魚は嫌いなの。スペイン風オムレツにする。

- **Mensa** 囡 (-/-s,Mensen) 大学の学生食堂、学食 4級
- **Fisch** 男 (-(e)s/-e) 魚 5級
    - ① 魚の肉を意味する場合には複数形がない。ドイツでは金曜日に魚がよく食べられる。
- **Kartoffelsalat** 男 (-(e)s/-e) ポテトサラダ 2級
    - ⊕ Kartoffel 囡 (-/-n) ジャガイモ 4級 (⇒2.17)
- **hassen** 他 (物⁴ を) 嫌う、いやがる；憎む 4級
- **spanisch** 形 スペイン (人 [語]) の、スペイン産の 3級
    - ⊕ Spanien 田 (-s/) スペイン 3級
    - ⊕ Spanier 男 (-s/-) スペイン人 (Spanierin 囡 (-/-nen)) 3級
- **Omelett** 田 (-(e)s/-e, -s) オムレツ 2級

---

27 A: **Warum isst du denn immer alles auf? Stört es dich nicht, dass du dann dick wirst?**

Kollege: **Werde ich aber nicht. Mein Gewicht ist trotzdem total in Ordnung.**

A: ねえ、どうしていつも平らげるの？ それで太るんじゃないかと気にならない？
同僚：けど太らないんだな。僕の体重は、それでもまったく問題なしだ。

- **auf | essen*** 他 残さず食べる、平らげる 2級
- **stören** 他 (人・事⁴ の) 妨げになる、邪魔をする、邪魔になる；(人⁴ の) 気に入らない 4級
    - ⊕ Stört es Sie, wenn ...? P … してもかまいませんか。
- **Gewicht** 田 (-(e)s/-e) 重さ、体重 3級
    - ⊕ wiegen* 他 重さを計る 自 重さがある 3級
- **total** 副 完全に、まったく、すっかり 形 全体の 4級
- **in Ordnung sein*** P きちんとしている；正常である 4級
    - ⊕ Ordnung 囡 (-/-en) きちんとすること、整理；秩序；規律 5級

Kapitel II

28
Kollege: **Kommen Sie mit zum Imbiss? Ich hole mir eine Currywurst.**

A: **Nein danke. Ich esse nicht so viel Fast Food. Das schadet der Gesundheit.**

同僚：一緒にインビスに行かない？ カレーソーセージを買ってくるんだけど。
A: 結構よ。そんなにたくさんファストフードを食べないわ。健康に悪いから。

- ❏ **mit｜kommen*** 圓Ⓢ 一緒に来る[行く]、同伴[同行]する 3級
    - ⓘ 口語では Kommen Sie mit zum Imbiss? のように、枠外に方向を表す語句がくることが多い。
- ❏ **Imbiss** 男(-es/-e) 軽食スタンド；軽食 2級
- ❏ **Currywurst** 女(-/..würste) カレーソーセージ 2級
    - ⓘ ソーセージにケチャップをかけ、その上にカレー粉がふりかけてある。
- ❏ **Fast Food**（Fastfood） 中(-(s)/) ファストフード 2級
- ❏ **schaden** 圓（人・事³の）害になる、（人・事³に）悪い、損[不利益]になる 3級

29
A: **… Es riecht nach Kaffee! Ich habe den Geruch von frischem Kaffee gern! Er macht mich sofort wach!**

Kollege: **Ich auch. Das Aroma frischen Kaffees ist einfach unvergleichlich.**

A: コーヒーのにおいがする。私は入れたてのコーヒーのにおいが好き。それですぐ目が覚めるの。
同僚：僕も。入れたてのコーヒーの香りは、とにかく比類のないものだ。

- ❏ **riechen*** 圓〈nach ③〉(物³の) においがする；におう、気配がする；においを嗅ぐ 4級
- ❏ ④ **gern haben*** ℗ 物・人⁴が好きである 4級
- ❏ **Geruch** 男(-(e)s/Gerüche) におい、香り 3級
- ❏ **wach** 形 目覚めている 3級
    - ➕ ④ wach machen ℗ 人⁴を目覚めさせる
    - ➕ auf｜wachen 圓Ⓢ 目を覚ます、目が覚める、目覚める 3級 (⇒6.17)

35

- **Aroma** 田 (-s/Aromen, -s) よい香り、芳香、風味 2級
- **einfach** 副 とにかく、何といっても 形 簡単な、質素な 4級
- **unvergleichlich** 形 たぐいまれな、比べようもない、抜群の 2級

30

A: **Ich suche den neuen Praktikanten. Haben Sie ihn in der Firma gesehen?**

Kollege: **Ich bin ihm vorher auf dem Flur begegnet.**

A: 新しい実習生を探しているんですけど。会社で見かけなかった？
同僚：さっき廊下で会ったよ。

- **Praktikant** 男 (-en/-en) 弱 実習生、研修生、インターン (Praktikantin 女 (-/-nen)) 3級
    - ⚠ 語末が –ant の名詞は、男性弱変化名詞である。例えば der Diamant（ダイアモンド）, der Elefant（象）など。（例外：フランス語語源の das Restaurant（レストラン）など）
- **vorher** 副 (その) 前に、(それ) 以前に；前もって、あらかじめ 4級
    - ➕ nachher 副 後で 4級
- **Flur** 男 (-(e)s/-e) 廊下；(玄関の) 広間、(入り口) ホール 3級
- **begegnen** 自 (s) (人³に)(偶然) 出会う 4級
    - ➕ treffen* 他 当てる、命中する；出会う 4級

31

Kollegin: **Machen Sie doch mit in unserem Kochkurs! Heutzutage ist Kochen wichtig für Männer!**

B: **Ja, an einem Kochkurs teilzunehmen, ist keine schlechte Idee.**

同僚：私たちの料理講習会に参加しなさいよ。今どき、料理は男性にとっても大切なことよ。
B: うん、料理講習会に通うというのは、悪くないアイデアだね。

- **mit | machen** 他 参加する、受講する 3級
    - ➕ mit 副 ともに、一緒に 4級

Kapitel II

- **Kochkurs** 男 (-es/-e) 料理講習会 2級
    - ✚ Sprachkurs 男 (-es/-e) 語学講座、語学コース 2級
- **heutzutage** 副 今日では、近頃 2級
- **teil | nehmen*** 自 〈an ③〉 (事³ に) 参加する、加わる、出席する; 同情する 4級

32
A: **Haben Sie heute Mittag schon etwas vor? Darf ich Ihnen Frau Müller vorstellen? Wir könnten zusammen essen gehen.**

Kollege: **Freut mich. Ich gehe gerne mit.**

A: 今日のお昼、もう何か予定は入ってる？ミュラーさんを紹介してもいい？
できたら一緒に食事に行くんだけど。
同僚：いいですね。喜んでご一緒しますよ。

- **vor | haben*** 他 予定する 4級
- **(Es) freut mich.** 句 うれしいです。 4級
    - ✚ Freut mich. 句 どうぞよろしく。(初対面のあいさつ)
    - ✚ Ich freue mich. 句 お会いできてうれしいです。
- **mit | gehen*** 自 (S) 一緒に行く、同行する、同伴する 2級

33
A: **Ich gehe schnell in die Apotheke und hole die Tabletten, die mir der Arzt verschrieben hat.**

B: **Gut, ich warte im Auto, dann brauche ich keinen Parkplatz zu suchen.**

A: すぐ薬局へ行って、医者が処方してくれた錠剤をもらってくるね。
B: いいよ、僕は車の中で待ってるから。そうすれば駐車場を探す必要はないし。

- **Apotheke** 女 (-/-n) 薬局、薬屋 4級
    - ✚ Apotheker 男 (-s/-)薬剤師 (Apothekerin 女 (-/-nen)) 2級
- **(sich³) holen** 他 (物⁴ を) 行って取って[買って]来る、(物⁴ を) 取り[買い]に行って来る 4級

- **Tablette** 女 (-/-n) 錠剤 3級
  - ⊕ eine Tablette (ein) nehmen* ℗ 錠剤を服用する
- **verschreiben*** 他 処方する 3級

34
A: Ich habe das Gefühl, dass dich die Frau da drüben beobachtet.
R: Das finde ich auch. Ob sie keine Ausländer mag?

A: あの向こうの女性があなたのことを見ているような気がする。
R: 僕もそう思います。彼女は外国人が好きではないのかな？

- **Gefühl** 中 (-(e)s/-e) 感じ、予感 3級
  - ⊕ den Eindruck haben*, dass ... ℗ …という印象を受ける、感じがする
- **beobachten** 他 観察する、見守る、(動きのある対象を) 見る 4級
  - ⊕ betrachten 他 (静止している対象を) 見る 4級
- **ob** 接 (…) だろうかと思う、(…) かなあ 3級
  - ⓘ 主文から独立した副文を導き、自問・思案を表す。その際 wohl が挿入されることがある。
  - ⊕ Ob das (wohl) gut geht？ ℗ それはうまくいくかなあ？
- **Ausländer** 男 (-s/-) 外国人 (Ausländerin 女 (-/-nen)) 4級
  - ⊕ Ausland 中 (-s/-) 外国 4級
  - ⊕ im Ausland ℗ 外国で (※複数にならない)
  - ⊕ ausländisch 形 外国 (人) の 4級

35
A: Ich bin müde, ich brauche eine Pause! Darf ich dich zu einem Kaffee einladen?
R: Ja, sehr gerne! Da vorne ist ein Café.

A: 疲れた。一息つかせて。コーヒーでもおごろうか？
R: はい、喜んで。あそこの前に喫茶店がありますよ。

- **Pause** 女 (-/-n) 中休み、休み時間、休憩時間 4級
  - ⊕ (eine) Pause machen ℗ 中休みする、休憩する

➕ Ich habe gerade Pause.　ℙ ちょうど休憩中です。 4級

❏ **ein|laden*** 他 招く、招待する 4級

　➕ ④ zu ③ ein|laden*　ℙ 人⁴を事³に招く、招待する；おごる；誘う 4級

　➕ Einladung 女 (-/-en) 招待、おごり 4級 (⇒2.21)

❏ **da vorn(e)** ℙ《口》あそこの前に、あの前方に 5級

　➕ hinten 副 後ろに 5級

❏ **Café** 中 (-s/-s) 喫茶店 5級

　➕ Kaffee 男 (-s/-s, -) コーヒー 5級

36

B: **Wie geht's deiner Schwester Christina?**

Nachbarin: **Sie wohnt schon seit Weihnachten in der Schweiz.**

B: **Wenn du telefonierst, dann grüß sie bitte von mir!**

B: お宅の妹さんのクリスティーナは元気ですか？
隣人：もうクリスマスからスイスにいるの。
B: 電話することがあったら、私からよろしくと伝えてね。

❏ **wohnen** 自 滞在する、宿泊する、(限られた期間) 住む 4級

　➕ im Hotel wohnen　ℙ ホテルに滞在する
　❗ 短い時間で宿泊する場合は übernachten (⇒3.26) を用いる。

❏ **Weihnachten** 中 (-/-) クリスマス 5級

　➕ zu [an] Weihnachten　ℙ クリスマスに
　❗ クリスマスの挨拶には複数形が用いられる。
　➕ Frohe [Fröhliche] Weihnachten !　ℙ クリスマスおめでとう！

❏ **grüßen** 他 (人⁴に) 挨拶する 4級

　➕ Grüß dich!　ℙ こんにちは、おはよう、こんばんは、さようなら。

37

A: Ich freue mich, dich bald wiederzusehen. Teil mir bitte mit, wann du ankommst.

R: Ja sicher. Kannst du mich dann bitte am Bahnhof abholen?

A: あなたにまたすぐに会えるのはうれしいわ。何時に着くか知らせてね。
R: もちろんです。そうしたら駅に迎えに来てくれますか？

- **bald** 副 近いうちに、まもなく、やがて、じきに 5級
- **mit|teilen** 他 (人³に事⁴を)知らせる、伝える 再 sich⁴(事⁴を)打ち明ける 4級
  - ➕ Mitteilung 女 (-/-en) 知らせ、通知 2級
  - ➕ Bescheid 男 (-(e)s/-e) 知らせ、回答 3級
  - ➕ Bescheid sagen P 知らせる、通知する
- **an|kommen*** 自 (S) 着く、到着する 4級
- **ja sicher** P もちろん
  - ❗ ja を強調するため sicher が添えられている。類似表現に ja gewiss, jawohl など。
- **ab|holen** 他 (物⁴を)行って取ってくる；(人⁴を)迎えに行く[行ってくる] 4級

38

Studentin: Du siehst sehr sportlich aus. Treibst du viel Sport?
R: Ja, ich spiele Fußball.

Studentin: Ich mache auch Sport. Wollen wir uns mal zum Fußballspielen treffen?

学生：すごく体を鍛えてるように見えるけど、スポーツはよくするの？
R: うん、サッカーをやってるんだ。
学生：私もスポーツをやってるわ。今度、一緒にサッカーしない？

- **sportlich** 形 スポーツマンらしい、スポーツの 3級
- **Sport treiben*** P スポーツをする 4級
  - ➕ Sport machen P スポーツをする
- **mal** 副 (未来の) 一度、いつか 4級
  - ❗ einmal (⇒4.46) よりは口語的である。

Kapitel II

➕ Mal 田 (-(e)s/-e) 度、回（例：vier Mal 4 回） 4級 (⇒4.18)

☐ **Fußball spielen** P サッカーをする
➕ Fußballspiel 田 (-(e)s/-e) サッカーの試合 2級

☐ **sich⁴ (mit ③) treffen*** P （人³と約束して）会う
➕ treffen* 他 当てる、命中する；出会う 4級

---

39 R: **Suchst du die Kasse? In Deutschland zahlt man am Tisch. Man ruft die Bedienung und sagt dann: „Zahlen bitte!"**

Japanische Studentin: **Ach so, wie in anderen Ländern Europas auch …**

R: レジを探してるの？ドイツではテーブルで会計を済ませるんだよ。給仕してくれた人を呼んで、それから「会計をお願いします」と言えばいいんだ。
日本人学生：あっ、そうなんだ。ヨーロッパの他の国と同じようにね。

☐ **Kasse** 女 (-/-n) レジ 4級

☐ **Bedienung** 女 (-/-en) 店員；サービス 3級
➕ bedienen 他 給仕する 3級

☐ **Zahlen bitte!** P お勘定をお願い。 5級

☐ **Ach so!** P （やっと理解して）ああそうなのか、ああそうですか。 5級

---

40 Freundin: **Mein Vater ist Lehrer. Er unterrichtet Deutsch und Geschichte.**

D: **In Geschichte bin ich gut, das ist mein Lieblingsfach. Aber in Deutsch bin ich schwach.**

友人：私の父は教師で、ドイツ語と歴史を教えているの。
D: 歴史は得意だし、好きな科目だけど、ドイツ語は苦手だな。

☐ **unterrichten** 自 他 教える 4級
➕ Unterricht 男 (-(e)s/-e) 授業 3級 (⇒4.17)

- **Geschichte** 囡 (-/-n) 歴史；歴史学；話、物語 4級
- **Lieblingsfach** 田 (-(e)s/..fächer) 好きな科目 3級
    - ① Lieblings- を用いた合成語で「好きな〜」を表現できる：mein Lieblingsdichter（私の好きな作家）, meine Lieblingsfarbe（私の好きな色）
    - ➕ Fach 田 (-(e)s/Fächer) 専門分野 3級 (⇒ 7.13)
- **schwach** 形 弱い、劣る 5級

41

C: Du und deine neue Freundin ... Wo habt ihr euch eigentlich kennengelernt?

R: An der Uni. Wir waren im gleichen Seminar.

C: 君と新しいガールフレンドのことだけど、そもそも、どこで知り合ったの？
R: 大学だよ。同じゼミだったんだ。

- **eigentlich** 副 実は、本当は；全体として見ると、基本的に；本来は、そもそも 形 本来の、真の 4級
- **kennen｜lernen** 他 (人⁴と) 知り合う 4級
- **Uni** 囡 (-/-s) 《口》大学 3級
    - ① die Universität の省略形。
    - ➕ an der Uni 旬 大学で
- **Seminar** 田 (-s/-e) ゼミナール、演習 4級

42

R: Wollen wir über unsere gemeinsame Zukunft reden?

Freundin: Ist das vielleicht ein Heiratsantrag?

R: 僕たち2人の将来について話さない？
ガールフレンド：それって、ひょっとしてプロポーズ？

- **gemeinsam** 形 共同の、共通の、共用の、一緒の 4級
- **Zukunft** 囡 (-/..künfte) 将来、未来 4級
    - ➕ Gegenwart 囡 (-/) 現在 3級
    - ➕ Vergangenheit 囡 (-/-en) 過去 3級

Kapitel II

- **reden** 圓〈über ④ reden〉(テーマ⁴について) **話す、語る、しゃべる** 他 (物⁴を) **言う、話す、語る** 4級
    - ✚ Rede 囡 (-/-n) 演説；言葉；話題 3級
- **Heiratsantrag** 男 (-(e)s/..träge) **結婚申し込み、プロポーズ** 2級
    - ✚ Antrag 男 (-(e)s/..träge) 申込書 [用紙]、申請書 3級 (⇒6.39)

43
R: **Prof. Schneider hat sich lange in der Mensa mit der Studentin aus seinem Seminar unterhalten.**

Studentin: **Sie schreibt eine interessante Abschlussarbeit über nationale Minderheiten in Ostdeutschland.**

R: シュナイダー先生は長いこと学食でゼミの女子学生とおしゃべりしてたね。
学生：彼女はドイツ東部の少数民族について面白い卒論を書いているのよ。

- **sich⁴ mit ③ über ④ unterhalten*** ℗ **人³と事⁴を楽しく語り合う、歓談する** 4級
    - ✚ unterhalten* 他 扶養する；楽しませる 再 sich⁴ 楽しい時を過ごす 4級
    - ✚ Unterhaltung 囡 (-/-en) 談話、談笑 3級
- **Abschlussarbeit** 囡 (-/-en) **大学の卒業論文、卒論** 2級
    - ✚ Abschluss 男 (-es/..schlüsse) 修了、終了；修了試験；(大学) 卒業 2級 (⇒5.26)
- **national** 形 (主に付加語的に用いて) **民族の；国内の、国内的な** 3級
- **Minderheit** 囡 (-/-en) **少数 (派)、マイノリティ** 3級
    - ✚ eine ethnische[religiöse] Minderheit ℗ 人種[宗教]的なマイノリティ
    - ✚ Mehrheit 囡 (-/-en) 大多数、過半数、多数派 3級 (⇒5.3)

44
Deutschlehrerin: **Ich finde den Aufsatz inhaltlich sehr gut. Trotz einiger Fehler in Grammatik muss ich Sie loben!**

R: **Danke für das Lob. In Grammatik mache ich leider immer noch viele Fehler …**

ドイツ語教師：この作文は内容的にとても良いと思います。文法的ミスがいくつかあるけれど、あなたを褒めなければね。

R: お褒めいただき、ありがとうございます。残念ながら文法ではまだ間違いが多くて…。

- **Aufsatz** 男 (-es/..fsätze) 作文、論文 2級
- **inhaltlich** 形 内容に関する、内容的な 2級
  - ➕ Inhalt 男 (-(e)s/-e) 中味、内容 4級
- **Grammatik** 女 (-/-en) 文法 (書) 2級
  - ⓘ 語末が -ik の名詞は、女性名詞である。アクセントに注意。
  - ➕ grammatisch 形 文法 (上) の、文法的な 2級
- **loben** 他 称賛する、褒める 4級
- **Lob** 中 (-(e)s/-e) 賞賛、賛辞 4級
- **immer noch** P 今なお、今でも、依然として 4級

45

R: **Stimmt das, dass Hans seine Kommilitonin heiraten will?**
Studentin: **Aber nein. Das war doch nur ein Scherz.**

R: ハンスが大学の友だちと結婚したがっているのは本当？
学生: まさか。それはほんの冗談だったんじゃないの。

- **stimmen** 自 正しい (事実に) 合っている 3級
  - ➕ Stimmt. P その通りです。(⇒7.22)
- **Kommilitonin** 女 (-/..toninnen) 大学の学友 (Kommilitone 男 (-n/-n) 弱) 2級
- **heiraten** 他 (人⁴と) 結婚する 4級
  - ➕ sich⁴ (von ③) scheiden lassen* P (人³と) 離婚する (⇒2.47)
- **Aber nein.** P とんでもない。5級
  - ⓘ この aber は意味の強調。
- **Scherz** 男 (-es/-e) 冗談、悪ふざけ、からかい 2級

Kapitel II

46

Verkäufer: Ich kann Ihnen diese Tasche wirklich sehr empfehlen.

A: Sie gefällt mir auch gut, aber ich möchte mir doch noch einmal überlegen, ob ich sie kaufe.

店員：このバッグはとてもお薦めですよ。
A: 私も気に入ってはいるんですが、買うかどうか、やはりもう一度じっくり考えてみたいんですけどね。

- **empfehlen*** 他 薦める、推薦する 4級
- **doch** 副 やはり、それでも 5級
  - ⊕ doch noch P それでもなお
- **überlegen** 他 (決めるために) よく考える、熟慮する 3級
  - ⊕ überlegen sein* P (能力が) 卓越している、傑出している、勝っている 3級 (⇒5.27)
  - ⊕ Überlegung 女 (-/-en) 熟慮、思慮深さ 2級

47

Kollege: Ich habe in letzter Zeit häufig Streit mit meiner Frau.

A: Ihr streitet euch über jedes kleine Problem. Ihr habt auch nicht so viele gemeinsame Interessen, oder? Aber ihr wollt euch deshalb doch nicht etwa scheiden lassen?

同僚：この頃、妻とよくケンカしてるんだ。
A: あなたたちはどんな些細な問題でもケンカするのね。それに共通の関心事もそんなに多くないんでしょ？ でも、それで離婚なんかするつもりじゃないよね。

- **in letzter Zeit** P 最近、近頃、この頃 3級
- **häufig** 副 たびたび、しばしば、頻繁に 4級
- **Streit** 男 (-(e)s/-e) 口論、ケンカ 5級
- **streiten*** 自 争う、ケンカする 再 sich⁴ 争う 5級
  - ⊕ zanken 再 sich⁴ 言い争う、口論する 2級
- **Problem** 中 (-s/-e) 問題、難題、困っていること 4級
  - ⊕ (mit ③) Probleme haben* P (事³に) 問題がある、悩んでいる 3級 (⇒4.19)

- ☐ **sich⁴ (von ③) scheiden lassen*** ℗ (人³ と) 離婚する 3級
- ☐ **doch nicht etwa** ℗ (平叙文で) まさか … と思っていないよね、まさか … ではないだろうね？

  ❗ 平叙文ではあるが、疑問に対して相手が否定してくれることを期待する。

48

R: Ich habe gelesen, dass es viele Organisationen gibt, die für die Achtung der Menschenrechte kämpfen.
C: In vielen Ländern kennt man sie vielleicht gar nicht. Kennst du Sie?

R: 人権を守るために闘っている組織がたくさんあると読んだよ。
C: 多くの国では、たぶん人権が認識すらされてないんじゃないかな。あなたはわかってる？

- ☐ **Organisation** 囡 (-/-en) 組織、機構、団体 3級
  - ➕ organisieren 他 企画する、準備する、計画する 3級 (⇒6.12)
- ☐ **Achtung** 囡 (-/) 尊敬、敬意；注意 3級
  - ➕ achten 他 尊敬 [尊重] する、敬意を払う 3級
- ☐ **Menschenrechte** 複 人権 2級
  - ➕ Recht 中 (-(e)s/-e) 権利、権限 3級
- ☐ **kämpfen** 自 戦う 4級
  - ➕ Kampf 男 (-(e)s/Kämpfe) 戦い、戦闘 3級

49

R: Hast du schon die Fußballergebnisse gehört? Bayern München hat heute erstaunlicherweise mal verloren.
C: Wirklich? Das kann ich mir gar nicht vorstellen!

R: サッカーの結果、もう聞いた？ バイエルン・ミュンヘンが今日なんと驚いたことに負けたんだって。
C: ほんと？ そんなこと、まったく想像できないよ。

- ☐ **Ergebnis** 中 (-ses/-se) 結果 3級
- ☐ **erstaunlicherweise** 副 驚くべきことに、驚いたことに 2級

- ➕ erstaunen 他 驚かす 2級
- ➕ erstaunlich 形 びっくりさせるような、驚くべき 2級 (⇒4.22)

☐ **verlieren*** 他 自 負ける、敗れる ; 失う 4級
- ➕ gewinnen* 他 自 勝つ ; 得る ; 得をする 3級 (⇒3.12)

Kapitel III

(4級中心 ②)

1

A: **Ich finde es nicht gut, dass Herr Manz jetzt vor der Bundestagswahl ständig seine politische Meinung ändert.**

Kollege: **Aber man weiß ja auch wirklich nicht, welche Partei man wählen soll.**

A: マンツ氏が今、連邦議会選挙を前にして自分の政治的意見を頻繁に変えるのは良くないことだと思う。

同僚：でも、どの政党を選んだらいいのか、実は誰もわからないんだよね。

- **Bundestagswahl** 女 (-/-en) 連邦議会選挙 2級
    - ① ドイツには、der Bundestag（連邦議会）と der Bundesrat（連邦参議院）の2つの議院がある。das Grundgesetz（憲法）により der Bundespräsident（連邦大統領。女性大統領は die Bundespräsidentin）と der Bundeskanzler（連邦首相。女性首相は die Bundeskanzlerin）が置かれる。
    - ✚ Wahl 女 (-/-en) 選挙 4級 (⇒5.3)
- **ständig** 副 常に、いつも 4級
- **Meinung** 女 (-/-en) 意見 4級
    - ✚ meinen 他 言う；思う、…という意見である 4級 (⇒1.22)
- **ändern** 他 変える、変更する、変化する 4級
- **Partei** 女 (-/-en) 政党 3級
- **wählen** 他 選ぶ；選挙する；投票する 4級
    - ✚ Regierung 女 (-/-en) 政府 4級
    - ✚ Kabinett 中 (-s/-e) 内閣 2級

2

A: **Ich liebe diese Schokolade! Ich habe im letzten Jahr zwei Kilo zugenommen.**

Kollege: **Das steht dir gut. Vorher fand ich dich zu dünn. Jetzt kann ich das ja sagen.**

A: このチョコ大好き。で、去年2キロ体重が増えたの。

同僚：あなたはそれでちょうどいいですよ。以前はやせ過ぎだと思ってたんです。今だからそう言えますが。

- **Schokolade** 女 (-/-n) チョコレート；ココア 3級

Kapitel III

● heiße Schokolade ℗ ココア 3級

❏ **zu|nehmen*** 圁 増える 4級
 ● ab|nehmen* 他 取り外す；検査する；買い取る 圁 痩せる；減る 3級 (⇒4.49)

❏ **stehen*** 圁 (人³に) 似合う、合っている；立っている；書いてある；(…の) 状態である 4級
 ● in ③ stehen* ℗ 新聞³ などに載っている 4級 (⇒4.33)

❏ **dünn** 形 (悪い意味で) やせている、やせっぽちの；細い；希薄な 5級
 ● schlank 形 (よい意味で) やせている、スリムな 4級
 ⓘ 対義語に、rundlich (ふっくらした), mollig (ぽっちゃりした), füllig (太りぎみの) など。

---

3 Kollegin: **Kennst du eigentlich meinen Sohn? Unser Kleiner ist während der letzten Monate sehr gewachsen.**
B: **Dein Sohn wächst dir irgendwann über den Kopf.**

同僚：うちの息子のこと知ってましたっけ？ うちのおちびはこの数カ月間でとても大きくなったのよ。
B: 息子さんはいつかあなたの手に余るようになるよ。

❏ **unser Kleiner** ℗ 我が家のおちびちゃん
 ● unser Großer ℗ 我が家のお姉ちゃん [お兄ちゃん]

❏ **wachsen*** 圁Ⓢ 大きくなる、成長する；増す 4級
 ● ③ über den Kopf wachsen* ℗《口》人³の手に負えなくなる 2級
 ● auf|wachsen* 圁 人が育つ、成長する、大きくなる 2級

❏ **irgendwann** 副 (未来の) いつか；(過去の) いつだったか 2級

---

4 C: **Warum machst du denn das Radio so laut? Das stört mich.**
R: **Entschuldige, ich stelle es sofort ab. Ich wollte nur die japanische Musik hören, ich hatte Sehnsucht nach Japan…**

C: ねえ、どうしてそんなにラジオのボリュームを上げるの？ 邪魔なんだけど。
R: ごめん、すぐ消すよ。その日本の音楽を聴きたかっただけだから。日本が恋しかったんだ。

- ❏ ④ ... machen 他 人・物⁴ を (…という状態に) する 4級
    - ➕ ④ ärgerlich machen 🅿 人⁴ を怒らせる
    - ➕ ④ glücklich machen 🅿 人⁴ を幸せにする
- ❏ ab|stellen 他 (機器⁴ を) 切る、消す；しまう；(車⁴ を) 駐車する 2級
    - ➕ aus|machen 他《口》(機器⁴ を) 消す；取り決める 4級 (⇒4_49)
- ❏ hören 他 聞く、聞こえる 5級
- ❏ Sehnsucht 女 (-/..süchte) あこがれ、思慕、憧憬；望郷 3級
    - ➕ Sehnsucht nach der Heimat haben* 🅿 ホームシックである

5

A: ... Du meinst, Japan war lange Zeit politisch isoliert?
B: **Und nach 1868 hat sich Japan ziemlich schnell aus einem Agrarstaat in einen Industriestaat entwickelt.**

A: ・・・日本は長い間政治的に孤立していたと思うわけね。
B: そして 1868 年以後、日本はかなり急速に農業国から工業国へと発展を遂げたんだ。

- ❏ politisch isoliert sein* 🅿 政治的に孤立している 2級
    - ➕ Landesabschließung 女 (-/-en) 鎖国 2級
    - ➕ das Land ab|schließen* 🅿 鎖国する 2級
    - ➕ Landesöffnung 女 (-/-en) 開国 2級
    - ➕ das Land öffnen 🅿 開国する 2級
- ❏ ziemlich 副 かなり、相当 4級
- ❏ Agrarstaat 男 (-(e)s/-en) 農業国 2級
    - ➕ Staat 男 (-(e)s/-en) 国、国家 4級
    - ➕ Landwirtschaft 女 (-/-en) 農業 (経営) 3級
- ❏ Industriestaat 男 (-(e)s/-en) 工業国 2級
    - ➕ Industrie 女 (-/..strien) 産業 (界)、工業 (界) 4級
- ❏ entwickeln 再 sich⁴ 発展する、発達する 他 開発する 4級
    - ⓘ 主語には人も用いられる。

Kapitel III

6

R: Ist es in Deutschland normal, dass man eine Tasse bis fast zum Rand mit Kaffee füllt?

A: Ja, natürlich! Aber in Japan füllt man die Tasse nur zu zwei Dritteln, habe ich gehört. Stimmt das?

R: ドイツでは、コーヒーをカップのほとんど縁いっぱいまで入れるのが普通なんですか？

A: もちろん！ でも日本ではカップ 3 分の 2 しか入れないと聞いたけど、そうなの？

- **normal** 形 普通の、通常の 3級
- **fast** 副 ほとんど 4級
- **Rand** 男 (-(e)s/Ränder) 縁、へり、端；余白 3級
- **füllen** 他 満たす、入れる 4級
  - ➕ ④ mit ③ füllen ℗ 物⁴ を物³ で満たす、いっぱいにする
- **Drittel** 中 (-s/-) 3分の1 3級
  - ⓘ Drittel は複数 3 格で –n を付加するのが一般的である。
  - ⓘ 「〈数詞〉+tel」 で「… 分の 1」 を意味する。
  - ➕ Viertel 中 (-s/-) 4 分の 1 5級
  - ➕ Hälfte 女 (-/-n) 半分、2 分の 1 5級 (⇒6.32)

7

C: Hast du genügend Geld für das Kino dabei?

R: Nein, ich habe nur 10 Euro dabei, das genügt nicht. Ich gehe kurz zum Geldautomaten und hole Geld.

C: 映画を観るのにお金は十分にあるの？

R: いや、たった 10 ユーロしか持ち合わせてないから、足りないな。ちょっと ATM に行ってお金を下ろして来るね。

- **dabei｜haben*** 他《口》持ち合わせている、持ち歩く 2級
- **genügend** 形 十分な、たっぷり 2級
  - ⓘ 名詞の前に置かれ、無変化で名詞を修飾する。
- **genügen** 自 十分足りている、十分である 3級
- **kurz** 副 短時間 (に)、短期間 (に) 形 短い 4級

- **Geldautomat** 男 (-en/-en) 弱 現金自動預け払い機、ATM 2級
  - ➕ Automat 男 (-en/-en) 弱 自動販売機 4級

8

R: „Nun, was fehlt Ihnen denn?" Was bedeutet das?

A: Das ist die erste Frage eines Arztes nach der Gesundheit, bevor er dich untersucht.

R: 「さて、どこの具合が悪いんでしょうか？」これはどういう意味ですか？
A: それは医者が診察前にまず健康状態を尋ねる質問よ。

- **fehlen** 自 欠けている；欠席している；体の具合が悪い 4級
  - ➕ Das fehlte noch. P まだだよ、もううんざりだよ、そんなばかな、とんでもない。 2級

- **untersuchen** 他 診察する；調べる、研究する 4級
  - ➕ Untersuchung 女 (-/-en) 調査、検査；診察 3級

9

A: Ich glaube, das Fußballspiel hat schon angefangen.

B: Oh, ich habe total die Zeit vergessen. Dann schalte bitte schnell den Fernseher ein.

A: サッカーの試合がもう始まっていると思うわ。
B: ああ、すっかり時間を忘れてた。それならすぐテレビをつけてよ。

- **die Zeit vergessen*** P 時間を忘れる
- **ein | schalten** 他 (機器⁴の) スイッチを入れる、(機器⁴を) つける 3級
  - ➕ an | machen 他 (機器⁴を) つける；取り付ける 4級 (⇒4.48)
  - ➕ an | schalten 他 (機器⁴の) スイッチを入れる、(物⁴を) つける 2級 (⇒4.53)
- **Fernseher** 男 (-s/-) テレビ 5級
  - ➕ fern | sehen* 自 テレビを見る 4級 (⇒4.1)

Kapitel III

10

R: Hier steht: „Die Fernsehserie „Familie Müller" wird jeden Freitag um 20.15 Uhr im Ersten Deutschen Fernsehen ausgestrahlt und vorläufig bis zum Herbst fortgesetzt." Kennst du die?

C: Klar. Aber alle Fortsetzungen haben das gleiche Muster.

R: ここに載ってるんだけど、テレビシリーズの『ミュラー家』は毎週金曜日20時15分から第一テレビで放映されて、とりあえず秋までは続くんだって。知ってた？
C: もちろん。でも続きってどれもワンパターンだけどね。

- **Fernsehserie** 囡 (-/-n) テレビシリーズ（番組）2級
- **Fernsehen** 囲 (-s/) テレビ（放送、番組）3級
    - ➕ Fernsehprogramm 囲 (-s/-e) テレビ番組 2級
    - ➕ Fernsehsendung 囡 (-/-en) テレビ放送 2級
- **aus｜strahlen** 他 放送する、放映する 2級
- **fort｜setzen** 他 続ける、継続する、続行する 4級
- **klar** 形 自明な、明白な、当然の；澄んだ 4級
- **Fortsetzung** 囡 (-/-en) 続けること、継続 2級
- **Muster** 囲 (-s/-) パターン、雛型［雛形］ 2級

11

A: An meiner Tasche klemmt der Reißverschluss. Ich habe versucht, ihn zu schließen, aber ich schaffe es nicht. Versuchst du es einmal?

D: Gib mal her. Ich kenne da einen Trick …

A: カバンのチャックがおかしい。閉めようとしたけど、ダメなの。ちょっとやってみてくれる？
D: ちょっとこっちに貸して。そのこつを知っているから。

- **klemmen** 自 つかえて動かない 他 はさむ；はさんで痛める 2級
- **Reißverschluss** 男 (-es/..schlüsse) チャック、ファスナー 2級
- **versuchen** 他 試みる、試してみる 4級

- ➕ Versuch 男 (-(e)s/-e) 試み；実験 3級
- ☐ schaffen* 他 (なんとか) やり遂げる、成し遂げる；作り出す 3級
- ☐ her｜geben* 他 (こちらの方へ) 手渡す、よこす、引き渡す 2級
- ☐ Trick 男 (-s/-s) こつ、要領；(手品などの) トリック、しかけ 2級

12

A: Nächstes Jahr wird der amerikanische Präsident gewählt. Wer wird wohl gewinnen?

B: Wer weiß – bitte beginn jetzt keine Diskussion über Politik!

A: 来年はアメリカ大統領選挙があるわね。誰が勝つのかな？
B: 誰にもわからないって。お願いだから、今は政治の議論を始めないで。

- ☐ Präsident 男 (-en/-en) 弱 大統領 (Präsidentin 女 (-/-nen)) 3級
- ☐ gewinnen* 他 自 勝つ；得る；得をする 3級
  - ➕ Gewinn 男 (-(e)s/-e) 利益；賞金、賞品 3級
  - ➕ verlieren* 他 自 負ける、敗れる；失う 4級 (⇒2.49)
  - ➕ Verlust 男 (-es/-e) 失うこと；敗北 3級
- ☐ wer weiß 句 (誰にも) わからない 2級
- ☐ Diskussion 女 (-/-en) 議論、討論、審議 3級
  - ➕ diskutieren 自 他 議論する、論じ合う 3級 (⇒1.18)

13

A: Ist die Energieversorgung in Japan jetzt sicher?

R: Nein, das Problem ist nicht endgültig gelöst. Man muss noch über die Anteile an umweltfreundlicher Energie verhandeln.

A: エネルギー供給は日本で今確実なの？
R: いいえ、その問題は最終的には解決していないんです。まだ環境に優しいエネルギーの割り当てについて議論しなければいけませんね。

- ☐ Energieversorgung 女 (-/-en) エネルギー供給 2級
  - ➕ Versorgung 女 (-/-en) 供給 2級

56

Kapitel III

- ➕ versorgen 他 供給する ; 世話する 2級
- ☐ **sicher** 形 確実な ; 安全な　副 きっと、間違いなく 4級
  - ➕ ② sicher sein* P 事² に確信を持っている 4級
- ☐ **endgültig** 形 最後の、最終的な 4級
- ☐ **lösen** 他 (問題⁴ などを) 解く ; 外す、緩める 4級
- ☐ **Anteil** 男 (-(e)s/-e) シェア、割合、率 2級
- ☐ **umweltfreundlich** 形 環境に優しい、環境を守る 2級
  - ➕ Umwelt 女 (-/) 環境 4級
  - ➕ freundlich 形 親切な、優しい 5級
- ☐ **Energie** 女 (-/-n) エネルギー 3級
- ☐ **verhandeln** 自 他 交渉する、討議する 2級
  - ➕ über ④ verhandeln P 事⁴ について話し合う、討議する、交渉する 4級

---

14 A: **Bevor Sie sich für ein Smartphone entscheiden, sollten Sie die Preise vergleichen. Das schadet nicht.**

Kollege: **Ich habe mich schon im Internet informiert. Ich kenne die Preise.**

A: スマホを選ぶ前に、値段を比較したほうがいいわよ。損にはならないから。
同僚 : もうインターネットで調べたんだ。値段はわかってるよ。

- ☐ **Smartphone** 中 (-s/-s) スマートフォン 2級
- ☐ **entscheiden*** 他 決める、決定する 4級
  - ➕ sich⁴ für ④ entscheiden* P (複数の選択肢から) 人・事⁴ に決める、人・事⁴ を選ぶ
- ☐ **vergleichen*** 他 比べる、比較する 4級
  - ➕ Vergleich 男 (-(e)s/-e) 比較、対照 ; 和解、和議 4級 (⇒ 5.20)
- ☐ **informieren** 再 sich⁴ 情報 [知識] を得る　他 (人⁴ に) 情報 [知識] を与える 3級
- ☐ **Internet** 中 (-s/-s) インターネット 3級
  - ➕ im Internet P インターネットで

15

A: **Ich habe geplant, auf der Rückfahrt über München zu fahren.**

Japanischer Kollege: **Das ist eine gute Idee. Dort kann ich dann meine Souvenirs kaufen.**

A: 帰りはミュンヘン経由にする計画にしたんだけど。
日本人の同僚：いい考えですね。それなら私のお土産をそこで買うことができるからね。

- **planen** 他 計画する、(…する) つもりである 4級
- **Rückfahrt** 女 (-/-en) 帰路、帰り道 4級
  - ⊕ Fahrt 女 (-/-en) 乗り物に乗っていくこと；旅 4級
  - ⊕ Rückfahrkarte 女 (-/-n) 往復乗車券 [切符] 3級
- **Souvenir** 中 (-s/-s) (旅の) お土産 3級
  - ⊕ Mitbringsel 中 (-s/-) お土産 2級

16

A: **Guten Tag. Ich habe ein Zimmer reservieren lassen. Mein Name ist Meyer.**

Hotelangestellter: **Guten Tag, Frau Meyer. Einen Moment bitte. Hier ist Ihr Schlüssel. Bitte füllen Sie dieses Formular aus.**

A: こんにちは。部屋を予約しています。マイヤーです。
ホテルの従業員：はい、マイヤー様、少々お待ち下さい。鍵でございます。こちらの用紙にご記入願います。

- **reservieren** 他 予約する 4級
- **lassen*** 助 させる、させておく；してもらう 4級
- **Einen Moment bitte.** P 少々お待ち下さい。5級
- **aus｜füllen** 他 必要事項を記入する、書き込む 3級
  - ⊕ füllen 他 満たす、入れる 4級 (⇒3.6)
- **Formular** 中 (-s/-e) (申し込み) 用紙 4級

Kapitel III

17

A: **Der Wetterbericht klingt nicht so gut. Hoffentlich regnet es morgen nicht!**

Kollege: **Das hoffe ich auch nicht. Morgen findet ein Sportfest in der Schule meines Sohnes statt.**

A: 天気予報はそんなに良くないようよ。明日、雨が降りませんように！
同僚：僕もそう願うよ。明日、息子の学校の運動会があるんだ。

- ❏ **Wetterbericht** 男 (-(e)s/-e) 天気[気象]予報 2級
  - ➕ Bericht 男 (-(e)s/-e) 報道、報告、リポート 3級
- ❏ **hoffentlich** 副 望むらくは (…であれば) いいのだが 4級
  - ➕ hoffen 他 望む、希望する 5級 (⇒1.15)
- ❏ **statt｜finden*** 自 行われる、催される、開催される 4級
- ❏ **Sportfest** 中 (-(e)s/-e) 運動会、体育祭、競技会 2級
  - ➕ auf einem Sportfest P 運動会で
  - ➕ Fest 中 (-(e)s/-e) 祝祭、祭り 4級

18

A: **Es gibt viele Sonderpreise bei der Deutschen Bahn. Wenn Sie mit dem normalen Zug fahren, können Sie viel Geld sparen.**

Kollege: **Ich nehme lieber den ICE. Ich möchte nicht den ganzen Vormittag im Zug verbringen.**

A: ドイツ鉄道にはたくさんのお得な料金設定があるの。普通列車で行けば、お金をたくさん節約できるわ。
同僚：ICE のほうがいいな。午前中をまるまる電車の中で過ごしたくないよ。

- ❏ **Sonderpreis** 男 (-es/-e) 特別価格、特価 3級
- ❏ **sparen** 他 節約する、倹約する、蓄える、取っておく；貯蓄する 4級
  - ➕ Geld für 4 sparen P 物・事⁴のためにお金を貯める
- ❏ **ICE** 男 (-(s)/-(s)) 都市間超特急（Intercityexpresszug の略）2級
  - ➕ RE《略》(都市間) 快速（Regionalexpress の略）2級
  - ➕ DB 女 (-/) ドイツ鉄道（Deutsche Bahn の略）2級
- ❏ **verbringen*** 他 (時間⁴を) 過ごす 4級

19

A: Ich trainiere heute Nachmittag im Sportklub. Wir treffen uns dann um 19 Uhr beim Italiener zum Abendessen!

B: Ich habe vorher noch eine Verabredung. Können wir das Essen um eine Stunde verschieben?

A: 今日の午後はスポーツクラブでトレーニングなの。その後 7 時にイタリアンレストランで落ち合って夕飯を食べましょう。
B: その前にもう一つ約束があるんだ。食事を 1 時間ずらせるかな？

- **trainieren** 自他 トレーニングする、訓練する 3級
- **Sportklub, Sportclub** 男 (-s/-s) スポーツクラブ 2級
- **verschieben*** 他 延期する；(押して) 位置をずらす 4級
  ⓘ ずれる程度は前置詞 um で表す。

20

A: Kannst du bitte auf dem Heimweg ein Paket für uns auf der Post abholen?

B: OK, mache ich. Um 17.30 Uhr, wenn ich mit der Arbeit fertig bin.

A: 帰る途中でうちの小包を郵便局から取って来てくれる？
B: OK、そうするよ。この仕事が終わってからだから、5 時半になる。

- **Heimweg** 男 (-(e)s/-e) 帰路 2級
- **Paket** 中 (-(e)s/-e) 小包 4級
- **Post** 女 (-/-en) 郵便物；郵便局 5級
  ➕ auf der Post, in der Post P 郵便局で

21

A: Sollen wir uns einen gemütlichen Abend machen oder möchtest du lieber ausgehen?

B: Am Hochzeitstag möchte ich schon lieber etwas Besonderes essen gehen …

A: 今夜は家でのんびりしましょうか。それとも外出したい？
B: 結婚記念日にはいっそのこと何か特別なものを食べに行きたいな。

Kapitel III

- **gemütlich** 形 くつろいだ、心地よい、情緒のある 3級
    - ⓘ ドイツ特有の情緒を表し、翻訳が難しい。
- **aus|gehen*** 自 (S) (人¹ が) 外出する；乏しくなる；停止する 4級
- **Hochzeitstag** 男 (-(e)s/-e) 婚礼の日；結婚記念日 2級
    - ⊕ Hochzeit 女 (-/-en) 結婚 (式) 4級 (⇒2.22)
- **besonder** 形 特別な 4級
    - ⊕ besonders 副 特に 4級 (⇒2.23)

22

A: Wenn deine Mutter zu uns zieht, braucht sie hier ein eigenes Zimmer.

B: Aber es ist jetzt schon zu eng hier. Wir sollten uns nach einer neuen Wohnung umsehen …

A: あなたのお母さんが我が家にいらしたら、自分の部屋が必要よね。
B: でも、ここはもうすでに狭すぎるよ。新しい住まいを探したほうがいいね。

- **ziehen*** 他 自 (S) 引っ越す；引く、引き抜く；動く 4級
- **eng** 形 狭い；密接した；きつい 4級
- **um|sehen*** 再 sich⁴ ⟨nach ③⟩ 振り返って見る；見回す；探し回る 2級

23

R: Entschuldigen Sie bitte, können Sie mir sagen, wann der Zug nach Wien abfährt und wann er in Wien ankommt?

Bahnangestellte: Hier ist der Fahrplan. Der Zug fährt um 9.02 Uhr ab und kommt um 17.09 Uhr in Wien an.

R: すみません、ウィーン行きの列車が何時に出発して、終点に何時に到着するか教えてくれませんか？
駅員：ここに時刻表があります。列車は9時2分に出発し、17時9分にウィーンに到着します。

- **ab|fahren*** 自 (S) (乗り物が) 出発する、発車する 4級
    - ⓘ この動詞を使って目的地も示すときは Der Zug nach Wien fährt

ab. のように言う。
- ❶ Abfahrt 囡 (-/-en) 発車 4級
- ❶ an|kommen* 圁 ⓢ 着く、到着する 4級 (⇒2.37)
- ❶ zurück|kommen* 圁 ⓢ 帰ってくる、戻ってくる 3級 (⇒2.13)
- ❶ Ankunft 囡 (-/) 到着 4級 (⇒6.32)

☐ **Fahrplan** 男 (-(e)s/..pläne) 時刻表、ダイヤ 3級

24

Freundin: **Lässt du mich bitte an der nächsten Kreuzung aussteigen?**

R: **Gehst du bis zu deiner Wohnung zu Fuß?**

Freundin: **Ja, ich brauche noch ein bisschen frische Luft vor dem Schlafen.**

ガールフレンド : 次の交差点で下ろしてくれる？
R: 君の家まで歩くの？
ガールフレンド : そう、寝る前に少しリフレッシュが必要なの。

☐ **Kreuzung** 囡 (-/-en) 交差点、十字路 4級
- ❶ kreuzen 他 交差する、交える 2級

☐ **aus|steigen*** 圁 ⓢ 降りる、下車する 4級
- ❶ um|steigen* 圁 ⓢ 乗り換える 4級 (⇒3.25)
- ❶ ein|steigen* 圁 ⓢ 乗車する；家の中に入る 4級 (⇒5.19)

☐ **noch ein bisschen** 旬 もう少し 5級

☐ **Luft** 囡 (-/) 空気 4級
- ❶ frische Luft 旬 気分転換、リフレッシュ 4級

25

A: **Wie komme ich bitte zum Flughafen?**

Information: **Sie fahren zuerst mit der U-Bahn bis zum Hauptbahnhof. Dort steigen Sie in die S-Bahn Linie 7 um.**

A: 空港にはどう行くんでしょうか？
案内所 : まず地下鉄に乗って中央駅まで行って下さい。そこで 7 番線の電車に乗り換えて下さい。

Kapitel III

- **Flughafen** 男 (-s/..häfen) 空港、エアポート 5級
  - ➕ Flug 男 (-(e)s/Flüge) 飛ぶこと、飛行 3級
- **zuerst** 副 まず、第一に、初めに、最初に；初めのうちは、最初は 5級
  - ➕ zuletzt 副 一番後に、最後に、終わりに 5級
- **U-Bahn** 女 (-/-en) 地下鉄 (Untergrundbahn の略) 5級
  - ➕ Bahn 女 (-/-en) 鉄道、(路面)電車 4級 (⇒4.38)
- **um|steigen*** 自⑤ 乗り換える 4級
  - ➕ ein|steigen* 自⑤ 乗車する；家の中に入る 4級 (⇒5.19)
  - ➕ aus|steigen* 自⑤ 降りる、下車する 4級 (⇒3.24)
- **S-Bahn** 女 (-/-en) 都市高速鉄道、近郊電車 (Stadtbahn, Schnellbahn の略) 2級

---

26 A: Übernachten wir in München oder lieber in Frankfurt?
Chef: Ich würde lieber nach Frankfurt weiterfliegen und dann dort übernachten. Dann sind wir morgen schon vor Ort.

A: ミュンヘンに泊まります？ それともフランクフルトのほうがいいですか？
上司：できればフランクフルトまで飛んでから、そこで泊まるほうがいいな。
そうすれば我々は明日もう現地にいることになるからね。

- **übernachten** 自 泊まる、宿泊する 4級
  - ❗この動詞は「短期間、夜を過ごす」という時に用いる。
  - ➕ in ... bleiben* P …に滞在する 5級
- **weiter|fliegen*** 自⑤ 更に飛び続ける 2級
- **vor Ort sein*** P 現地にいる、現場にいる 2級
  - ➕ Ort 男 (-(e)s/-e) 場所 3級

---

27 A: Können wir hier auch frühstücken?
Hotelangestellter: Ja natürlich, das Frühstück ist im Preis eingeschlossen. Frühstück gibt es zwischen 7.00 und 10.00 in dem Café da drüben.

A: ここでは朝食も食べられるんでしょうか？

ホテル従業員：はい、もちろんです。朝食は料金に含まれています。朝食は7時から10時の間、あちらの喫茶室で食べられます。

- ❏ **frühstücken** 自 朝食を食べる 4級
  - ➕ 4 zum Frühstück essen* P 朝食に物⁴を食べる 4級
- ❏ **Frühstück** 中 (-(e)s/-e) **朝食** 5級
  - ➕ Mittagessen 中 (-s/-) 昼食 4級
  - ➕ Abendessen 中 (-s/-) 夕食、晩御飯 4級
- ❏ **eingeschlossen** 形 含まれている 2級
  - ➕ einschließlich 前 …を含めて 副 (…を) 含めて 4級

Kapitel IV

(4級中心 ③)

1

A: **Siehst du dir heute Abend den Krimi im Fernsehen an?**
Kollege: **Ich kann im Moment abends nicht fernsehen, unser Enkel ist auf Besuch und schläft im Wohnzimmer.**

A: 今晩、あのミステリーをテレビで見るの？
同僚：今のところ夜はテレビを見られないんだ。孫が来ていて、居間で寝ているから。

- **an | sehen*** 他 〈sich³ ④〉 見る、眺める、注視する 3級
- **Krimi** 男 (-s/-s) ミステリー 5級
- **im Moment** P 現在のところ 3級
- **fern | sehen*** 自 テレビを見る 4級
    - ➕ Fernseher 男 (-s/-) テレビ 5級 (⇒3.9)
    - ➕ senden* 他 放映する 4級
    - ➕ übertragen* 他 中継する 3級
- **Besuch** 男 (-(e)s/-e) 訪問;《単数》(知人の)訪問客、来客 5級
    - ➕ besuchen 他 訪問する、訪ねる 5級
- **Wohnzimmer** 中 (-s/-) 居間 4級
    - ➕ wohnen 自 滞在する、宿泊する; (限られた期間) 住む 4級 (⇒2.36)

2

Kollegin: **Mein Mann hat heute nicht einmal angerufen, ob er zum Abendessen kommt.**
B: **Ist vielleicht etwas passiert?**

同僚：今日は旦那から夕ご飯に帰るかどうかの電話さえないのよ。
B: 何かあったのかも？

- **nicht einmal** P …すらない、…さえもない 4級
- **an | rufen*** 他 (人⁴に) 電話する 4級
    - ➕ Anruf 男 (-(e)s/-e) 電話、通話 4級 (⇒6.16)
    - ➕ telefonieren 自 電話する 4級 (⇒4.3)
    - ➕ Ich war gerade dabei, dich anzurufen. P ちょうど電話しようとしていたところです。
- **passieren** 自 (S)《口》(災難・不幸¹が) 起こる、ふりかかる 他 通過する 3級
    - ➕ los sein* P 《口》(普通でないことが) 起きた、生じた 3級 (⇒1.4)

➕ geschehen* 自 ⓢ 起こる 4級 (⇒2.3)

3

Student: **Am Sonntag war ich mit Susanne bei meinen Eltern. Ich habe gerade mit ihnen telefoniert.**
C: **Und was sagen sie zu deiner neuen Freundin?**

学生：日曜日にズザンネと僕の両親の家に行ってね、ちょうど今、両親と電話で話していたところなんだよ。
C: で、君の新しい恋人について何て言ってるの？

- **telefonieren** 自 電話する 4級
  ➕ an | rufen* 他 (人⁴に) 電話する 4級 (⇒4.2)
- **zu ③ sagen** 句 事³について話す 2級
  ➕ Was sagen Sie dazu? 句 この件についてどう思いますか。2級
- **mein Freund** 句 恋人 (meine Freundin) 5級
  ⓘ 普通の友達は ein Freund von mir で表現する。

4

Studentin: **Unsere Freundin Ursula trägt oft so grelle Farben. Ob ich ihr einen Hinweis gebe, dass das für die Examensfeier nicht passt?**
R: **Das ist eben ihr Geschmack. Aber ich glaube, dass es gut wäre, mit ihr zu sprechen.**

学生：友達のウルスラはよくあんなどぎつい色を着ているよね。あれって卒業試験終了パーティーにはふさわしくないって、彼女にひとこと言おうかな。
R: 彼女の趣味なんだから仕方ないよ。できたら彼女と話し合ってみるのもいいかもしれないと思うけど。

- **grell** 形 けばけばしい、どぎつい、派手な 2級
- **Hinweis** 男 (-es/-e) 指示；助言 3級
  ➕ einen Hinweis geben* 句 ヒント [助言；指示] を与える
- **passen** 自 (人³に) 合う、調和する；都合がいい 4級
  ➕ zu ③ passen 句 物・人³に合う、似合う (⇒6.4)

- ➕ passend 形 ふさわしい、ぴったりの 4級 (⇒1.13)
- ☐ Geschmack 男 (-(e)s/..schmäcke) (個人の) 趣味、好み 3級

5

R: Ich bin schon sehr gespannt auf die Ausstellung. Gehen wir los? Soll ich die Kamera mitnehmen?

C: Ich glaube, man darf im Kunstmuseum nicht fotografieren.

R: 展覧会がとても楽しみだな。出発する？ 僕がカメラを持って行こうか。
C: 美術館では撮影禁止だと思うけど。

- ☐ gespannt 形 好奇心に満ちた、ワクワクしている 3級
- ☐ Ausstellung 女 (-/-en) 展示会、博覧会、見本市 4級
  - ➕ aus｜stellen 他 展示する 3級
- ☐ los｜gehen* 自 (S) 出発する、出かける 3級
  - ⓘ 口語では gehen が省略される。
  - ➕ Ich muss gleich los. P すぐに出かけなければならないんです。
- ☐ mit｜nehmen* 他 持って行く 4級
- ☐ Kunstmuseum 中 (-s/..museen) 美術館 4級
  - ➕ Kunst 女 (-/Künste) 芸術 ; 美術 ; (技) 術 4級
  - ➕ Museum 中 (-s/Museen) 博物館、美術館 5級
- ☐ fotografieren 他 自 写真を撮る 4級

6

R: Soll ich die rote Krawatte nehmen?

C: Ich finde die zu diesem Anzug nicht so passend. Der sitzt übrigens hervorragend.

R: Kein Wunder, den habe ich mir nach Maß machen lassen.

R: この赤いネクタイにしたらいいと思う？
C: このスーツにあまり合わないと思うよ。それはそうとそのスーツ、ぴったりしてるね。
R: オーダーメイドで作ってもらったから、不思議でもないよ。

Kapitel IV

- **sitzen*** 自 サイズ・形がよく合う；座っている 4級
   - ➕ stehen* 自 (人³に) 似合う、合っている；立っている；書いてある；(…の) 状態である 4級 (⇒3.2)
- **übrigens** 副 ところで、それはそうと 4級
- **hervorragend** 形 抜群の、抜きんでた 副 すばらしく、際立って 2級
- **Kein Wunder.** P なんら驚くには当たらない、ちっとも不思議じゃない。 2級
- **Maß** 中 (-es/-e) 単位；寸法 3級
   - ➕ ④ nach Maß machen lassen* P オーダーメイドで作ってもらう

7
A: **Möchtest du auf dieser Reise in Bayern etwas ansehen? Vielleicht eines der berühmten Schlösser?**
R: **Oh ja, ich würde gerne Neuschwanstein besichtigen.**

A: 今回のバイエルン旅行で何か見たいものある？ そうね、有名なお城なんかはどうかな？
R: ええ、ぜひ。できればノイシュヴァーンシュタイン城が見たいんですが。

- **Bayern** 中 (-s/) バイエルン州 (州都はミュンヘン) 2級
- **Schloss** 中 (-es/Schlösser) 城 5級
- **würde gern** P (もし可能なら) … したいのですが 3級
- **Neuschwanstein** 中 ノイシュヴァーンシュタイン城
   - ⓘ バイエルン州 Füssen (フュッセン) の近くにある城。König Ludwig II. von Bayern (バイエルン王ルートヴィヒ2世) により19世紀末に建てられた。
- **besichtigen** 他 見物する、見学する 4級
   - ➕ Besichtigung 女 (-/-en) 見学、見物 3級

8

B: Ich finde den Kuchen aus der Bäckerei ziemlich teuer. Kannst du nicht wieder mal selbst einen Kuchen backen?

A: Ja, gerne. Aber erst am Wochenende. In der Woche habe ich keine Zeit.

B: あのパン屋さんのケーキはかなり高いと思うんだよね。また君がちょっと自分でケーキを焼いてくれないかな？

A: いいわよ、喜んで。でも週末になってからね。ウィークデーは暇がないの。

- ❏ **teuer** 形 値段が高い 5級
    - ⚠ この形容詞は他動詞 kosten と共に用いることはできない。
    - ➕ kostbar 形 高価な、価値のある 2級
    - ➕ preiswert 形 手ごろな、リーズナブルな 4級 (⇒2.16)
- ❏ **nicht wieder mal** 副 もう二度と…ない 5級
- ❏ **backen*** 他 焼く 4級
    - ➕ Bäcker 男 (-s/-) パン屋さん (人) (Bäckerin 女 (-/-nen)) 4級
    - ➕ Bäckerei 女 (-/-en) パン屋さん (店) 4級
- ❏ **erst** 副 (…になって (から)) 初めて、ようやく、(…になって) から 3級

9

D: Morgen putze ich meine Schuhe bestimmt, sie sehen doch im Moment noch ganz sauber aus.

A: Das gleiche hast du gestern gesagt. Putz bitte deine Schuhe jetzt sofort!

D: 明日はきっと靴を磨くよ、今はまだずいぶんきれいに見えるんだしさ。
A: 同じことを昨日も言ってたでしょ。今すぐ磨いて。

- ❏ **putzen** 他 (ふいて) きれいにする、ピカピカにする；(体の部分・物⁴ を) きれいにする 4級
    - ➕ reinigen 他 きれいにする、クリーニングする 3級 (⇒6.13)
- ❏ **sauber** 形 きれいな 4級
    - ➕ ④ sauber machen 句 赤ん坊・体の部分⁴ をきれいにする

Kapitel IV

10
A: **Ich habe die ganze Wäsche schon in den Garten gehängt, weil sie ja bei dem schönen Wetter heute schnell trocknet.**

B: **Hast du den Wetterbericht gehört? Heute Nachmittag soll es Regen geben …**

A: 洗濯物全部、もう庭に干しちゃったわ。だって今日みたいに天気がいい日はすぐ乾くものね。
B: 天気予報を聞いた？ 今日の午後、雨になるらしいよ …。

- **Wäsche** 囡 (-/) (集合的に) 洗濯物 4級
  - ⊕ waschen* 他 洗う、洗濯する 5級
- **hängen** 他 (物⁴を) 掛ける、つるす 自 掛かっている 4級
- **trocknen** 自 乾く 他 (物⁴を) 乾かす 4級
- **Regen** 男 (-s/) 雨 4級
  - ⊕ leichter Regen P 小雨
  - ⊕ starker Regen P 大雨

11
A: **Du magst das Gebirge ja nicht so gern. Wollen wir im Urlaub ans Meer fahren?**

D: **Im Meer baden? Das ist eine gute Idee!**

A: 山はそんなに好きでもなかったよね。休暇に海へ行かない？
D: 海水浴？ それはいい考えだ。

- **Gebirge** 中 (-s/-) (集合的に) 山、山地、山脈、山岳地帯 [地方]、連山 4級
  - ⊕ ins Gebirge fahren* P 山へ行く
- **Urlaub** 男 (-(e)s/-e) 休暇 4級
  - ⊕ Schönen Urlaub! P よい休暇を！
  - ⊕ Urlaub machen [nehmen*] P 休暇を取る
- **Meer** 中 (-(e)s/-e) 海 5級
- **baden** 自 泳ぐ、水浴びをする；入浴する 他 入浴させる 4級

12

B: **Kann ich ins Bad? Oder möchtest du nun duschen?**
C: **Ich gehe gleich ins Bett und dusche dann lieber morgen früh.**

B: バスルームに入ってもいい？ それとも、今シャワーを浴びたい？
C: すぐベッドに入って、それで朝早くシャワーを浴びるほうがいいわ。

- **Bad** 中 (-(e)s/Bäder) バスルーム；風呂、入浴 5級
  - ins Bad gehen* P 入浴しに行く
  - baden 自 泳ぐ、水浴びをする；入浴する 他 入浴させる 4級 (⇒4.11)
  - Badezimmer 中 (-s/-) 浴室、バスルーム 2級

- **nun** 副 今；今から 4級

- **duschen** 自 シャワーを浴びる 他 シャワーで洗う 4級
  - Dusche 女 (-/-n) シャワー浴、シャワー装置、シャワー室 5級

- **morgen früh** P 明日の朝 5級
  - ! 「朝」はドイツ語で der Morgen なので、同じ発音の語が続かないように morgen früh を用いる。

13

D: **Ich bin fertig mit den Hausaufgaben. Ich gehe jetzt schwimmen.**
A: **Im See? Dann sei bitte vorsichtig! Letztes Jahr ist dort ein Junge ertrunken, du weißt das.**

D: 宿題が終わった。これから泳ぎに行ってくるね。
A: 湖で泳ぐの？ じゃ、気をつけてね。去年そこで若い人が溺れたの、知ってるよね。

- **Hausaufgabe** 女 (-/-n) 宿題 3級
  - Hausaufgaben machen P 宿題をする
  - Aufgabe 女 (-/-n) 任務；依頼；宿題 4級

- **jetzt** 副 今から；今；今まで 5級

- **schwimmen*** 自 泳ぐ 4級

- **vorsichtig** 形 注意 [用心] 深い、慎重な 3級
  - Vorsicht 女 (-/) 用心、注意 3級

Kapitel IV

- ➕ unvorsichtig 形 注意 [用心] 深くない 2級 (⇒6_30)
- [ ] **letztes Jahr** P 去年、昨年 4級
- [ ] **ertrinken*** 自 ⓢ 溺れ死ぬ、溺死する 2級

---

14 R: **Sie haben einen tollen Spazierstock. Wandern Sie denn gerne?**

Nachbarin: **In früheren Jahren bin ich viel in den Bergen gewandert. Jetzt mache ich aber nur noch Spaziergänge im Park.**

R: すごくいいステッキを持っているんですね。じゃあ、山歩きが好きなんですか？
隣人：以前はたくさん山を歩いたものよ。でも今は公園で散歩するくらいだけど。

- [ ] **toll** 形《口》すごい、かっこいい、すばらしい 4級
- [ ] **Spazierstock** 男 (-(e)s/..stöcke) 散歩用ステッキ 2級
    - ➕ Stock 男 (-(e)s/Stöcke) 杖 5級
- [ ] **wandern** 自 ⓢ 徒歩旅行をする；動く 4級
    - ➕ Wanderung 女 (-/-en) ハイキング、徒歩旅行 2級
- [ ] **nur noch** P あとは … だけ、あとは … しかない 4級
- [ ] **Spaziergang** 男 (-(e)s/..gänge) 散歩、散策 4級
    - ➕ einen Spaziergang machen P 散歩する 4級
    - ➕ eine Spazierfahrt machen P ドライブする

---

15 R: **Haben Sie sich gefürchtet, als Sie zum ersten Mal aus dem Flugzeug springen sollten?**

Fallschirmspringerin: **Ja, ich hatte natürlich Angst. Aber bei jedem Sprung fühle ich mich sicherer.**

R: 初めて飛行機から飛び降りるように言われたとき、怖くなかったですか？
スカイダイバー：もちろん怖かったです。でも飛び降りるたびに危険を感じなくなっていきます。

73

- **Flugzeug** 中 (-(e)s/-e) 飛行機 3級
  - ➕ Flug 男 (-(e)s/Flüge) 飛ぶこと、飛行 3級
- **springen*** 自 (S) 跳ぶ、ジャンプする 4級
  - ➕ Sprung 男 (-(e)s/Sprünge) 跳躍、ジャンプ 3級
- **Angst** 女 (-/Ängste) 不安、心配 5級
  - ➕ (vor ③) Angst haben* P (物³が) 怖い 5級
  - ➕ Angst bekommen* P 不安になる

16

A: **Hast du noch eine Jacke? Nach dem Wetterbericht soll es heute sehr kalt werden.**

R: **Dann ziehe ich mich wärmer an, sonst erkälte ich mich noch.**

A: 上着もあるの？ 天気予報によると今日はとても寒くなるそうよ。
R: それならもっと暖かく着込むことにします。でないと、そのうち風邪をひきますから。

- **Jacke** 女 (-/-n) 上着、ジャケット、ジャンパー 5級
  - ➕ Anzug 男 (-(e)s/..züge)（特に男の）スーツ（die Jacke（上着）と die Hose（ズボン）のセット）5級
  - ➕ Kostüm 中 (-s/-e)（婦人用）スーツ（die Jacke（上着）と der Rock（スカート）のセット）; 衣装 3級
- **an｜ziehen*** 再 sich⁴ 衣服を身につける 他 身につけさせる、着せる 3級
  - ➕ aus｜ziehen* 再 sich⁴（物⁴を）脱ぐ 他 引き出す；脱がす 3級
  - ➕ tragen* 他 着ている 5級
- **sonst** 副 そうしなければ、そうしないと、さもないと、でないと 4級
- **erkälten** 再 sich⁴ 風邪をひく 4級
  - ➕ Erkältung 女 (-/-en) 風邪 2級 (⇒5.38)

17

R: Wie lernst du Fremdsprachen? Machst du viel für Englisch?

C: Heute lerne ich die Wörter für die Schule. Und morgen üben wir im Unterricht wieder Grammatik.

R: どんなふうに外国語を勉強してるの？ 英語の勉強はたくさんしてる？
C: 今日は学校で使う単語を覚えて、明日は授業でまた文法を練習するんだ。

- ☐ **Fremdsprache** 囡 (-/-n) 外国語 3級
- ☐ **die Wörter lernen** 句 単語を覚える 5級
- ☐ **üben** 他 練習する 4級
- ☐ **Unterricht** 男 (-(e)s/) 授業 3級
    - ➕ unterrichten 自 他 教える 5級 (⇒2.40)
    - ➕ Unterricht haben* 句 授業がある 4級

18

R: Hast du die Prüfung bestanden?

Studentin: Nein, dieses Mal hat es nicht geklappt. Aber das nächste Mal brauche ich die Kreditpunkte unbedingt.

R: 試験に合格した？
学生：ううん、今回はうまくいかなかったよ。でも次回にはどうしても単位が必要なの。

- ☐ **Prüfung** 囡 (-/-en) 試験、テスト ; 検査 5級
    - ➕ eine Prüfung machen 句 試験を受ける
    - ➕ prüfen 他 調べる、確かめる、検査する、調査する、チェックする 5級 (⇒5.25)
- ☐ **bestehen*** 他 (試験⁴ に) 合格する 自 ある ; できている 4級
    - ➕ aus ③ bestehen* 句 物³ から成り立っている
- ☐ **Mal** 中 (-(e)s/-e) 度、回 (例：vier Mal 4 回) 5級
    - ℹ️ einmal, zweimal の場合は小文字で続き書きが一般的である。
    - ➕ mal 副 (未来の) 一度、いつか 4級 (⇒2.38)
- ☐ **klappen** 自《口》(思っていたように) うまくいく、順調に物事が運ぶ 3級
    - ℹ️ この用法の主語は es, das, alles などである。
- ☐ **Kreditpunkt** 男 (-(e)s/-e) 単位 2級

➕ Punkt 男 (-(e)s/-e) 点 4級

❏ **unbedingt** 副 どうしても、何が何でも、絶対に 4級

19
R: Ich habe immer Probleme, dieses Wort auszusprechen.
A: Englisch ist eigentlich nicht so schwer. Aber die Aussprache!
R: Ja, dagegen ist Deutsch leicht auszusprechen, aber die Grammatik!

R: この単語を発音するのにいつも困っているんです。
A: 英語はもともとそんなに難しくないわよ。でも発音がね。
R: そうですね、それに比べるとドイツ語は発音は易しいんだけど、文法がね。

❏ **(mit ③) Probleme haben*** 句 (事³に) 問題がある、悩んでいる 3級
➕ Problem 中 (-s/-e) 問題、難題、困っていること 4級 (⇒2.47)

❏ **aus|sprechen*** 他 発音する；述べる 4級

❏ **Aussprache** 女 (-/-n) 発音 4級

❏ **dagegen** 副 それに対して；それに比べて、それと比較して 4級

20
A: Ich brauche noch Ihre Unterschrift.
Chef: Haben Sie das Formular dabei? Wo soll ich unterschreiben?
A: Unten rechts, bitte. Neben dem Datum.

A: まだサインが要ります。
上司: 用紙がありますか？ どこにサインすればいいのですか？
A: 右下にお願いします。日付の横です。

❏ **Unterschrift** 女 (-/-en) 署名、サイン 3級
➕ Autogramm 中 (-s/-e) (有名人の) サイン 2級

❏ **unterschreiben*** 他 (書類⁴に) 署名する、サインする 4級

❏ **Datum** 中 (-s/Daten) 日付、日時 4級

Kapitel IV

21

A: **Könnten Sie mir bitte diesen japanischen Text ins Deutsche übersetzen?**

Übersetzer: **Ja, gerne. Ich kann alles auch in einige andere Sprachen übersetzen, z.B. ins Englische oder ins Französische. Brauchen Sie das auch?**

A: この日本語の文章をドイツ語に翻訳していただけますか？
翻訳者 : ええ、喜んで。全部ほかの言語にも翻訳できます。例えば英語とかフランス語とか。それも必要ですか？

- **Text** 男 (-(e)s/-e) テキスト、本文、文章 3級
- **übersetzen** 他 翻訳する；通訳する 4級
  - ➕ 4 in 4 übersetzen P 文⁴ を言語⁴ に翻訳する
  - ➕ Übersetzung 女 (-/-en) 翻訳 2級
- **z.B.**《略》= zum Beispiel 例えば
- **das Englische** = die Englische Sprache P 英語 2級

22

A: **Wir können draußen auf der Terrasse sitzen. Dieses Jahr ist es noch sehr warm im September.**

B: **Ja, erstaunlich. Man muss noch nicht einmal abends heizen.**

A: 外のテラスで座っていられるなんて。今年は9月でもまだずいぶん暖かいね。
B: そう、驚きだね。夜になっても暖房をつけなきゃならないわけでもないし。

- **Terrasse** 女 (-/-n) (地上の) テラス 3級
  - ⓘ 2 階以上の場合は der Balkon (バルコニー) を用いる。
- **erstaunlich** 形 びっくりさせるような、驚くべき 2級
  - ➕ erstaunen 他 驚かす 2級
  - ➕ erstaunlicherweise 副 驚くべきことに、驚いたことに 2級 (⇒2.49)
- **heizen** 自 他 暖房する 4級

23

A: **Was ist das für ein Brief, den du in der Hand hast? Von einem Amt?**

B: **Ja, von der Stadtverwaltung. Ich habe falsch geparkt. Ich muss 50 Euro Strafe zahlen.**

A: 手に持っているのは何の手紙？ お役所から？
B: そう。市からのものだよ。駐車違反をして、50 ユーロの罰金を払わなければならないんだ。

- **Was für ein …** ㋐ どんな (種類・性質の) (※例 : Was für ein Brief ist das? それはどんな種類の手紙ですか?)
    - ①例文のような構文で分離する場合がある。
- **Amt** 中 (-(e)s/Ämter) 役所、官庁 3級
- **Stadtverwaltung** 女 (-/-en) 市当局 2級
    - ✚ Verwaltung 女 (-/-en) 管理 [行政] 機構 [部門] 3級
- **Strafe** 女 (-/-n) 刑罰 ; 罰金 3級
    - ✚ x Euro Strafe zahlen ㋐ x ユーロの罰金を払う
    - ✚ Strafpunkt 男 (-(e)s/-e) (積み重なる) 罰則点、反則点 2級
    - ✚ Punkte bekommen* ㋐ (交通違反の) 罰則点をもらう 3級

24

A: **Heute Nacht hatte es Frost und es hat 20 cm geschneit.**

B: **Es ist sehr glatt draußen, weil wahrscheinlich Eis unter dem Schnee ist. Pass auf, dass du nicht hinfällst!**

A: 昨日の夜は酷寒で、20 センチ雪が降ったのよ。
B: たぶん雪の下には氷があって、外はとてもツルツルだよ。転ばないように注意してね。

- **Frost** 男 (-(e)s/Fröste) 氷点下の寒さ、厳寒 2級
    - ✚ frostig 形 寒さの厳しい、凍りつくような (寒さの) 2級
- **schneien** 自 〈非人称〉雪が降る 4級
    - ✚ Schnee 男 (-s/) 雪、積雪 4級
- **glatt** 形 滑らかな、つるつるの、滑りやすい ; 円滑な 3級
- **wahrscheinlich** 副 たぶん [おそらく] …だろう、どうやら…らしい 4級
    - ✚ unwahrscheinlich 副 信じられないほど、ありそうもないほど 2級

Kapitel IV

(⇒6.44)

- **Eis** 中 (-es/) 氷；アイスクリーム 4級
- **auf | passen** 自 注意を払う、気をつける 3級
    - ➕ auf 4 auf | passen P 人・物⁴ に注意を払う、気をつける
    - ➕ Achtung 女 (-/) 尊敬、敬意；注意 3級 (⇒2.48)
    - ➕ Vorsicht 女 (-/) 用心、注意 4級
- **hin | fallen*** 自(S) 倒れる、転倒する 2級

25
R: Hast du ans Fenster geklopft? Hallo! Komm rein! Es schneit aber heftig draußen!
C: Ich muss mir erst den Schnee vom Mantel klopfen.

R: 窓をたたいた？ やあ、入って。外は雪がすごいな。
C: まずはコートの雪をはらわなきゃ。

- **klopfen** 自 ノックする、トントンとたたく 他 (物⁴ を) たたいて取る [落とす] 4級
- **(he)rein | kommen*** 自(S) 入ってくる 4級
- **heftig** 形 激しい 4級

26
A: Es scheint gegen Mitternacht Regen zu geben.
B: Dann nehme ich einen Schirm mit. Es wird heute Abend spät.

A: 真夜中くらいに雨になりそうよ。
B: それなら傘を持って行くよ。今夜は遅くなる。

- **scheinen*** 自 (人³ に事¹ が) 思える、思われる、(…のように) 見える 4級
    - ➕ erscheinen* 自(S) 現れる；出版 [刊行] される 3級
- **Mitternacht** 女 (-/..nächte) 真夜中 4級
- **Schirm** 男 (-(e)s/-e) 傘 4級
    - ➕ den Schirm öffnen P 傘を開く
    - ➕ Regenschirm 男 (-(e)s/-e) 雨傘 2級

27

R: **Ich habe einen Brief vom Finanzamt bekommen.**

A: **Das beruht sicherlich auf einem Missverständnis. Du brauchst doch hier keine Steuern zu bezahlen …**

R: 税務署から手紙が来たんですけど。
A: それは間違いなく誤解よ。あなたがこの国で税金を払う必要はないじゃない。

- **Finanzamt** 中 (-(e)s/..ämter) 税務署 2級
- **auf ③ beruhen** P 物³に基づく 2級
- **sicherlich** 副 確かに [きっと]…にちがいない 2級
  - ➕ sicher 形 確実な;安全な 副 きっと、間違いなく 4級 (⇒3.13)
- **Missverständnis** 中 (-ses/-se) 誤解 3級
  - ➕ missverstehen* 他 誤解[誤認]する 3級
- **Steuer** 女 (-/-n) 税 (金) 4級
  - ❗消費税に当たるのはドイツでは die Mehrwertsteuer (MwSt, 付加価値税)で税率は19%である。

28

C: **Das Fahrrad ist mittlerweile sehr alt und rostig. Ich werfe es weg.**

D: **Bitte nicht, das kann ich noch gut gebrauchen.**

C: その自転車、そうこうするうちに古びて、さびついてしまったね。捨てるよ。
D: お願いだから、そんなことしないで。僕にはまだ十分使えるから。

- **mittlerweile** 副 その間に 2級
- **rostig** 形 さびた、さびついた 2級
- **weg|werfen*** 他 捨てる 3級
- **gebrauchen** 他 用いる、使用する、利用する 4級
  - ➕ gebraucht 形 使用された、使い古しの、中古の 3級 (⇒1.23)

Kapitel IV

29

R: Heute habe ich im Fernsehen gesehen, dass die Arbeiter in Kambodscha für höhere Löhne und bessere Arbeitsbedingungen streiken.

A: Sie haben recht. Die Waren werden in reichen Ländern billig verkauft und die Arbeiter verdienen nichts. Wenn sie alle gemeinsam streiken, haben sie vielleicht Erfolg.

R: 今日テレビで、カンボジアの労働者が賃上げと労働条件の改善のストライキをしているのを見ました。
A: もっともね。商品は豊かな国々で安く売られ、労働者には何の稼ぎにもならない。彼らが全員一丸となってストライキをすれば、成功するかもしれないね。

- **Lohn** 男 (-(e)s/Löhne) 賃金；報い 4級
  - ⊕ Gehalt 中 (-(e)s/Gehälter) 月給 2級
- **Arbeitsbedingung** 女 (-/-en) 労働条件 2級
  - ⊕ Bedingung 女 (-/-en) 条件；情況 4級
- **streiken** 自 ストライキをする 3級
- **Ware** 女 (-/-n) 品物、物品、商品 4級
- **verkaufen** 他 売る 4級
  - ⊕ Verkauf 男 (-(e)s/..käufe) 売ること 4級
- **verdienen** 他 得る、稼ぐ；(事⁴に) 値する 4級
- **Erfolg** 男 (-(e)s/-e) 成功、成果 3級
  - ⊕ (mit ③) Erfolg haben* P (事³に) 成功する

30

A: Haben dir deine Beziehungen bei diesem Vertrag etwas genützt?

B: Nein, die waren total unnütz.

A: コネはその契約の際に何か役に立ったの？
B: いいや、全然役に立たなかったよ。

- **Vertrag** 男 (-(e)s/..träge) 契約、契約書；条約 4級
  - ⊕ vertragen* 他 受けつける、(飲食物⁴が) 体質に合う；耐える、耐えられる 2級 (⇒7.22)

- **unnütz** 形 役に立たない、有益 [有効] でない、無用の、無益な 2級

31
R: **Sollen wir ins Zentrum fahren, zum Shoppen?**
A: **Ich kaufe lieber in den kleinen Läden hier ein.**

R: 中心街へ行きましょうか、ショッピングに。
A: 私はむしろここの小さなお店で買い物するほうがいいわ。

- **shoppen** 自 (歩いて) ショッピングする 2級
  - ➕ Shopping 中 (-s/-s) ショッピング、買い物 2級
- **ein | kaufen** 自 買い物をする 他 (物⁴ を) 買う 4級
  - ➕ ein | kaufen gehen* P 買い物に行く 4級
  - ➕ Einkäufe machen P 買い物をする 4級
- **Laden** 男 (-s/Läden) 店 4級
  - ➕ in einen Laden gehen* P 店に行く
  - ➕ Geschäft 中 (-(e)s/-e) 店；ビジネス；仕事 5級 (⇒4.37)

32
R: **Was macht dein Neffe Friedrich denn?**
A: **Er handelt mit landwirtschaftlichen Produkten aus der Region Hamburg.**

R: あのお、あなたの甥のフリードリヒは何をしているんですか？
A: 彼はハンブルク地域の農産物を取り扱っているのよ。

- **Neffe** 男 (-n/-n) 弱 甥 3級
  - ➕ Nichte 女 (-/-n) 姪 3級
  - ➕ Cousin 男 (-s/-s) 従兄弟 3級
  - ➕ Cousine 女 (-/-n) 従姉妹 3級
- **handeln** 他 商う 自 商う；交渉する；扱う 4級
  - ➕ mit ③ handeln P 物³ を商う、商売する；人³ と値段交渉をする、値切る
  - ➕ Handel 男 (-s/) 商売 4級
- **landwirtschaftlich** 形 農業 (上) の 2級

Kapitel IV

- ➕ Landwirtschaft 囡 (-/-en) 農業（経営）3級
- ☐ **Produkt** 田 (-(e)s/-e) 生産物、製品 3級
  - ➕ produzieren 他 生産する、製造する 4級 (⇒4.42)
- ☐ **Region** 囡 (-/-en) 地域、地方 3級

---

33 R: **In der Zeitung steht: „In der Fußgängerzone ist gestern um 22.20 Uhr ein Mann überfallen worden. Es handelt sich um einen ca. 50-jährigen Lehrer der Grundschule Goethestraße."**

C: **Oh, das ist doch Daniels Schule!**

R: 新聞に「歩行者専用区域で昨夜22時20分に1人の男性が襲われた」と載っている。ゲーテシュトラーセ小学校の50歳くらいの先生なんだって。
C: あら、それってダニエルの学校じゃないの！

- ☐ in ③ stehen* 自 新聞³などに載っている 4級
- ☐ **Fußgängerzone** 囡 (-/-n) 歩行者専用区域、歩行者天国 3級
- ☐ **überfallen*** 他 襲う、襲撃する 2級
- ☐ **Es handelt sich um** ④. 文 物・人⁴が扱われている、物・人⁴の問題[件、話題、こと]である 4級
  - ➕ Es geht um ④. 文 事⁴のことで話がある 4級 (⇒5.12)
- ☐ **ca.**《略》(= circa) 約、おおよそ 2級
- ☐ **Grundschule** 囡 (-/-n)（ドイツの）基礎学校、（日本の）小学校 2級
  - ➕ eine Grundschule besuchen 文 小学校に通う

---

34 A: **Ich muss dringend anrufen. Kannst du mir mal dein Smartphone leihen?**

B: **Weißt du denn, wie man die Telefonnummer findet?**

A: 緊急に電話しなきゃならないんだけど、あなたのスマホ、ちょっと貸してくれない？
B: そもそもどうやって電話番号を見つけるか知ってるの？

- [ ] **dringend** 形 緊急の、急を要する；切実な 4級
- [ ] **leihen*** 他 貸す；借りる 4級
    - ➕ ③④ leihen* P 人³に物⁴を (主に無料で) 貸す
    - ➕ (sich³) von ③④ leihen* P 人³から物⁴を借りる[貸してもらう]
- [ ] **Telefonnummer** 女 (-/-n) 電話番号 3級
    - ➕ Nummer 女 (-/-n) 番号；電話番号 4級

35
R: **Das ist ein interessanter Artikel im neuen SPIEGEL!**
A: **Den kannst du gern behalten. Ich brauche ihn nicht mehr. Vielleicht entdeckst du noch mehr Interessantes.**

R: それは雑誌『シュピーゲル』最新号の面白い記事ですね。
A: これはあげる。もういらないから。さらにもっと面白いことが見つかるかもね。

- [ ] **Artikel** 男 (-s/-) 記事；品目 3級
- [ ] **behalten*** 他 取っておく、手元におく、持ち続ける 4級
    - ⚠️ 「持ち続けることができる」、つまり「もらってもいい」という意味になる。この動詞は、können と共に用いられることが多い。
- [ ] **entdecken** 他 発見する 4級

36
A: **Neulich soll neben der Bibliothek ein neues chinesisches Restaurant aufgemacht haben.**
B: **Oh, dann sollten wir mal das Restaurant wechseln.**

A: 最近、図書館の横に新しい中華レストランがオープンしたという話だけど。
B: そう、それならちょっとレストランを代えてみたほうがいいね。

- [ ] **neulich** 副 先日、このあいだ、この前 3級
    - ⚠️ neulich, vor kurzem は最近の特定の時点を表し、neuerdings, seit kurzem は最近の傾向を表す。「この頃」は in letzter Zeit を用いる。また neulich は話者の特定の体験と関係することを表し、kürzlich は話者の特定の体験と関わりのない「最近、先ごろ」を意味する。
- [ ] **Bibliothek** 女 (-/-en) 図書館 3級

Kapitel Ⅳ

- **auf｜machen** 圓 開く、開業する、オープンする 4級
    - ✚ öffnen 圓 開く 5級 (⇒1.25)
    - ✚ eröffnen 他 開業する、オープンする 3級
    - ✚ schließen* 他 圓 閉じる 5級
    - ✚ zu｜machen 圓 閉まる、閉店する 他 閉める 4級 (⇒4.37)

- **wechseln** 他 替える、変更する；交換する；両替する 4級

37
R: Ich muss noch etwas in der Reinigung abholen. Wann machen die Geschäfte samstags in Deutschland zu?
C: Ich weiß es nicht. Vielleicht um 6 Uhr.

R: まだクリーニングを取りに行かなければならないんだけど、ドイツだと土曜日にお店はいつ閉まるの？
C: わからない。ひょっしたら6時かな。

- **Reinigung** 囡 (-/-en) クリーニングの品；クリーニング店 2級
    - ✚ ④ in die Reinigung bringen* 句 物⁴をクリーニングに出す
    - ✚ reinigen 他 きれいにする、クリーニングする 3級 (⇒6.13)

- **zu｜machen** 圓 閉まる、閉店する 他 閉める 4級
    - ✚ schließen* 他 圓 閉じる 5級
    - ✚ auf｜machen 圓 開く、開業する、オープンする 4級 (⇒4.36)

- **Geschäft** 中 (-(e)s/-e) 店；ビジネス；仕事 5級

38
R: 50 Minuten fährst du jeden Tag zur Schule? So lange! Verschwendete Zeit!
C: Nein, das ist nicht so schlimm. Ich nutze die Zeit in der Bahn, um meine Hausaufgaben zu machen.

R: 50分もかけて毎日学校へ通ってるの？ そんなに長いとは！ 無駄な時間だ！
C: いや、そんなに悪いことでもないよ。宿題をするのに、電車の中の時間を使ってるし。

- **verschwenden** 他 無駄遣いする、浪費する 2級
- **nutzen, nützen** 他 利用する、役立てる 圓 (人³の) 役に立つ、(人³に)

有益 [有効] である 4級
- ⊕ nützlich 形 役に立つ、有益な、有用な 4級 (⇒5.4)
- ⊕ Nutzung 女 (-/) 利用 2級

☐ **Bahn** 女 (-/-en) 鉄道、(路面) 電車 4級
- ⊕ U-Bahn 女 (-/-en) 地下鉄 (Untergrundbahn の略) 5級 (⇒3.25)
- ⊕ S-Bahn 女 (-/-en) 都市高速鉄道、近郊電車 (Stadtbahn, Schnellbahn の略) 2級 (⇒3.25)
- ⊕ Bahnangestellte 男女《形容詞変化》駅員 2級

---

39 R: **Du hast dich doch um einen Studienplatz in Mannheim beworben. Hast du schon etwas gehört?**

Studentin: **Nein, ich habe bisher noch keine Nachricht erhalten.**

R: マンハイム大学に出願したんだってね。何かわかった？
学生：ううん、これまでまだ何の通知もないの。

☐ **Studienplatz** 男 (-es/..plätze) 大学の在籍権 2級

☐ **bewerben*** 再 sich⁴ ⟨um ④⟩ (物⁴ に) 応募する、出願する 3級
- ⊕ Bewerbung 女 (-/-en) 応募；申込書 3級

☐ **bisher** 副 今まで、これまで 4級

☐ **Nachricht** 女 (-/-en) 知らせ、ニュース；通知；便り 4級
- ① 複数形は主に「新聞・テレビなどのニュース」を意味する。

☐ **erhalten*** 他 受け取る 4級
- ⊕ erhältlich 形 入手可能な 2級
- ⊕ bekommen* 他 手に入る、手に入れる、もらう；(状態⁴に) なる 5級 (⇒2.18)
- ⊕ kriegen 他《口》もらう 4級

---

40 A: **Haben Sie eine schöne Wohnung gefunden?**

Kollege: **Schwierig. Zurzeit sind große Mietwohnungen sehr knapp. Und die Vermieter überlegen sehr genau, wem sie eine Wohnung vermieten.**

A: すてきな部屋が見つかった？
同僚：難しいね。目下のところ、広い賃貸アパートはとても不足しているし、大家も誰に貸すかとてもよく考えているんだよ。

- [ ] **zurzeit** P 今、目下、現在 4級
- [ ] **Mietwohnung** 女 (-/-en) 賃貸アパート、賃貸マンション 2級
   - ➕ als Untermieter wohnen P 下宿している
- [ ] **knapp** 形 わずかの、ぎりぎりの、すれすれの 4級
- [ ] **Vermieter** 男 (-s/-) 貸し手、家主、大家 (Vermieterin 女 (-/-nen)) 4級
   - ➕ Mieter 男 (-s/-) 借家人 2級
- [ ] **vermieten** 他 貸す、賃貸する 4級
   - ➕ mieten 他 (お金を払って) 借りる 4級
   - ➕ Miete 女 (-/-n) 家賃 4級 (⇒5.31)

41

A: **Gratuliere, das ist ein ausgezeichneter Wein!**
Kollege: **Kennen Sie sich denn mit Wein aus?**
A: **Es ist leicht, einen guten Wein von einem schlechten zu unterscheiden. Mich kann man da nicht betrügen.**

A: おめでとう、これはすばらしいワインよ。
同僚：ええっ、ワイン通なんですか？
A: 良いワインと悪いワインを区別するのは簡単よ。私はだまされないわよ。

- [ ] **(Ich) gratuliere!** P おめでとう。4級
- [ ] **ausgezeichnet** 形 すばらしい；優れた、優秀な 3級
- [ ] **aus|kennen*** 再 sich⁴ 〈mit ③〉(事³に) 精通している 2級
- [ ] **unterscheiden*** 他〈④ (von ③)〉(物⁴を(物³から)) 区別する、判別する 4級
   - ➕ Unterschied 男 (-(e)s/-e) 相違、違い、差異；区別 4級 (⇒5.46)
   - ➕ Unterscheidung 女 (-/-en) 区別、識別 2級
- [ ] **betrügen*** 他 だます 3級

42

Kollegin: **Wissen Sie, welche Waren diese Firma „Hana" herstellt?**

B: **Ich glaube, sie ist sehr bekannt und produziert Kosmetika.**

同僚：「ハナ」というこの会社がどんな商品を作っているか知っていますか？
B: そこはとても有名で、化粧品を生産していると思うけど。

- **her│stellen** 他 製造する、生産する 4級
  - ⊕ Herstellung 囡 (-/) 製造、生産 2級
  - ⊕ Hersteller 男 (-s/-) 製造者、メーカー (Herstellerin 囡 (-/-nen)) 2級
- **produzieren** 他 生産する、製造する 4級
  - ⊕ Produkt 中 (-(e)s/-e) 生産物、製品 3級 (⇒4.32)
  - ⊕ Produktion 囡 (-/-en) 生産 4級
- **Kosmetikum** 中 (-s/Kosmetika) 化粧品 2級
  - ⊕ Kosmetik 囡 (-/) 化粧（法）2級

43

Kollegin: **Wir wollen in zehn Jahren unser eigenes Haus bauen!**

B: **Da müsst ihr aber sparen! Kein Urlaub mehr in Frankreich!**

同僚：10年後に自分たちの家を建てたいな。
B: じゃあ、お金を貯めなくちゃ。もうフランスでの休暇はなしだね。

- **bauen** 他 自 建てる、建築する；組み立てる 4級
  - ⊕ Bau 男 (-(e)s/-ten) 建築、建設 2級
- **kein … mehr** P もはや (…で) ない 4級
  - ⓘ 特定の名詞、または名詞以外の場合は nicht mehr を用いる。
- **Frankreich** 中 (-s/) フランス 4級
  - ⊕ Franzose 男 (-n/-n) 弱 フランス人 4級
  - ⊕ Französin 囡 (-/-nen) フランス人 4級
  - ⊕ französisch 形 フランス (人[語]) の 4級

Kapitel IV

44

A: **Ich finde nichts. Ich muss meine Papiere dringend ordnen!**

Kollege: **Dein Büro sieht doch sehr ordentlich aus. Bei mir ist nicht so eine schöne Ordnung!**

A: 何も見つけられない。急いで書類を片付けなきゃ。
同僚：あなたのオフィスはとても整然としているように見えるけどね。僕のところはそんなにきれいに整ってないよ。

- **Papier** 中 (-(e)s/-e) 書類、文書 4級
- **ordnen** 他 片づける、整理整頓する 4級
  - ➕ Ordnung 女 (-/-en) きちんとすること、整理；秩序；規律 5級
- **ordentlich** 形 きちんとした、整理整頓された 3級

45

B: **Ich habe meinen Koffer gepackt, ich brauche jetzt nur noch das Bahnticket zum Flugplatz.**

Kollegin: **Nimmst du deinen Koffer in der Bahn mit? Ich fahre mit dem Taxi. Er ist mir einfach zu schwer!**

B: トランクの荷造りがすんだから、あとは飛行場までの乗車券が必要なだけだ。
同僚：トランクを電車に載せて持って行くの？ 私はタクシーで行くわ。トランクは私にはとにかく重すぎるから。

- **packen** 他 詰める、(物⁴ の) 荷造りをする 4級
- **Bahnticket** 中 (-s/-s) 電車の乗車券 2級
  - ➕ Bahn 女 (-/-en) 鉄道、(路面) 電車 4級 (⇒4.38)
  - ➕ Ticket 中 (-s/-s) 搭乗券、乗船券 4級
- **Flugplatz** 男 (-es/..plätze) 飛行場 2級
  - ➕ Flughafen 男 (-s/..häfen) 空港、エアポート 5級 (⇒3.25)
  - ➕ 4 vom Flughafen ab|holen P 人⁴ を空港で出迎える、出迎えに行く

89

46

A: **Diese Uhr gefällt mir sehr! Kann ich sie hier auch reparieren lassen, wenn sie einmal kaputtgeht?**

Verkäufer: **Ja, natürlich. Versuchen Sie bitte nie, sie selbst zu reparieren.**

A: この時計がとても気に入りました。いつか壊れたら、こちらで修理もしてもらえますか？
店員：もちろんです。決してご自分で直さないようにして下さい。

- **reparieren** 他 修理する 4級
- **einmal** 副 (未来について) 一度、いつか、いずれ；(過去について) かつて、昔 4級
- **kaputt│gehen*** 自 壊れる；破産[倒産]する 3級
  - ➕ kaputt 形 壊れた；だめになった 5級

47

A: **Ich muss einen neuen Geschirrspüler kaufen. Der alte funktioniert nicht mehr richtig.**

B: **Es gibt Geräte mit Öko-Zeichen, die sehr wenig Strom brauchen.**

A: 新しい食洗機を買わないとね。古いのがもうちゃんと動かないのよ。
B: 消費電力がとても少ない、エコ・マークがついた機械があるよ。

- **Geschirrspüler** 男 (-s/-) 食洗機 2級
  - ➕ Geschirr 中 (-(e)s/-e) 食器 4級 (⇒6.22)
  - ➕ Geschirr spülen 句 食器を洗う
- **funktionieren** 自 機能する、作動する、動く、働く (英語 function) 4級
- **Öko-Zeichen** 中 (-s/-) エコ・マーク 2級
  - ➕ Zeichen 中 (-s/-) しるし、記号；兆候 3級
- **Gerät** 中 (-(e)s/-e) 道具；器械、機器；器具 5級
- **Strom** 男 (-(e)s/Ströme) 電流、電気；大河 3級
  - ➕ ein Strom sparendes Gerät 句 省エネの機器

Kapitel IV

48

B: **Schon wieder Stau! Mach mal bitte das Radio an!**
A: **Wegen eines Unfalls bildet sich auf der Autobahn A2 nach Berlin ein 5 Kilometer langer Stau, sagt das Radio.**

B: また渋滞だ。ちょとラジオつけてよ。
A: 事故のためベルリンへの A2 上り線で 5 キロの渋滞が発生しています、とラジオが言ってるわよ。

- **Stau** 男 (-(e)s/-e, -s) 渋滞 3級
  - ⊕ Verkehr 男 (-(e)s/-e) 交通 4級

- **an | machen** 他《口》(機器⁴ を) つける；取り付ける 4級
  - ⊕ an | schalten 他 (機器⁴ の) スイッチを入れる、(物⁴ を) つける 2級 (⇒4.53)
  - ⊕ ein | schalten 他 (機器⁴ の) スイッチを入れる、(機器⁴ を) つける 3級 (⇒3.9)

- **Unfall** 男 (-(e)s/..fälle) 事故 4級
  - ⊕ Verkehrsunfall 男 (-(e)s/..fälle) 交通事故 2級
  - ⊕ überfahren* 他 (人⁴ を) ひく 3級

- **bilden** 他 形作る、発生させる 再 sich⁴ 形成される 2級

49

A: **Kannst du bitte das Licht ausmachen, ich habe keine Hand frei.**
R: **Klar. Kann ich dir etwas abnehmen?**

A: 電気を消してくれる？ 手がふさがってるの。
R: もちろん。何かしてあげられることがあります？

- **aus | machen** 他《口》(機器⁴ を) 消す；取り決める 4級
  - ⊕ ab | stellen 他 (機器⁴ を) 切る、消す；しまう；(車⁴ を) 駐車する 2級 (⇒3.4)

- ④ **frei haben*** P 物⁴ が空いている 4級

- **ab | nehmen*** 他 取り外す；検査する；買い取る 自 痩せる；減る 3級
  - ⊕ ③④ ab | nehmen* P 人³ の代わりに事⁴ をしてあげる、人³ から事⁴ を引き受ける
  - ⊕ zu | nehmen* 自 増える 4級 (⇒3.2)

91

50

R: **Soll ich dir helfen?**
A: **Ja, bitte. Kannst du die Kartoffeln schälen und danach in größere Würfel schneiden?**

R: お手伝いしましょうか？
A: ええ、お願い。ジャガイモの皮をむいて、その後で大きめのサイコロ状に切ってくれる？

- ❏ **schälen** 他 (果物⁴ などの) 皮をむく 2級
- ❏ **danach** 副 その後、その後で、それがすんでから 4級
- ❏ **schneiden*** 他 切る 4級
  - ➕ in Würfel schneiden* Ⓟ サイコロ状に切る

51

A: **Kannst du mit Werkzeug umgehen? Zum Beispiel mit einem Hammer einen Nagel gerade in die Wand schlagen?**
R: **Natürlich, das ist doch sehr einfach.**

A: 工具が扱える？ 例えばハンマーで釘をまっすぐ壁に打ち付けるとか？
R: もちろんです。とても簡単じゃないですか。

- ❏ **um│gehen*** 自 Ⓢ 取り扱う；従事する；広まっている 2級
  - ➕ mit ③ um│gehen* 自 Ⓢ 物³ を (取り) 扱う；人³ と付き合う
- ❏ **Werkzeug** 中 (-(e)s/-e) 道具、工具 5級
- ❏ **Hammer** 男 (-s/Hämmer) ハンマー 3級
- ❏ **Nagel** 男 (-s/Nägel) 釘；爪 3級
- ❏ **schlagen*** 自 打つ、打ち込む 4級

Kapitel IV

52

R: **Ich habe gehört, du sammelst für das Rote Kreuz. Wie viel hast du denn schon gesammelt?**

C: **Ich weiß es nicht genau, aber ich glaube, es ist nicht viel. Die meisten werfen nur Kleingeld in die Sammelbüchse.**

R: 赤十字の募金活動をしているんだってね。それじゃ、いったいもういくらぐらい集まったの？
C: 正確にはわからないけど、金額は多くはないと思う。たいていの人は小銭しか募金箱に入れないから。

- **sammeln** 圁 募金活動をする；他 集める、収集する 再 sich⁴ 集まる 4級
  - ⊕ Sammlung 女 (-/-en) 収集；収集物、コレクション 2級
- **das Rote Kreuz** 中 赤十字 2級
- **werfen*** 他 投げる；投げ入れる 4級
- **Kleingeld** 中 (-(e)s/) 小銭、硬貨 2級
- **Sammelbüchse** 女 (-/-n) 募金[献金]箱 2級

53

R: **Wie schaltet man die Mikrowelle an?**

C: **Ganz einfach. Du drehst den Schalter hier ganz nach links.**

R: どうやって電子レンジのスイッチを入れるの？
C: すごく簡単だよ。ここのスイッチを左にいっぱいに回すだけ。

- **an|schalten** 他 (機器⁴の) スイッチを入れる、(物⁴を) つける 2級
  - ⊕ an|machen 他 (機器⁴を) つける；取り付ける 4級 (⇒4.48)
  - ⊕ ein|schalten 他 (機器⁴の) スイッチを入れる、(機器⁴を) つける 3級 (⇒3.9)
  - ⊕ aus|schalten 他 (機器⁴のスイッチを) 切る 2級
- **Mikrowelle** 女 (-/-n) 電子レンジ 2級
- **drehen** 他 回す 4級
- **Schalter** 男 (-s/-) スイッチ 3級

54

A: **Vergiss bitte nicht, die Tür abzuschließen, wenn du gehst!**

R: **Ist OK. Es dauert noch etwas. Ich muss erst noch meine Sachen überprüfen und einpacken.**

A: 出かけるとき、ドアのカギをかけるのを忘れないでね。
R: OK です。まだ時間がかかりますから。これからまず自分の持ち物をチェックして、詰め込まなければならないので。

- **ab|schließen*** 他 (所⁴に) 鍵をかける ; 修了 [終了] する 自 終わる 3級

- **erst noch** P (未来について) これからまず ; (近い過去にいて) ついこの間 (まで) 4級

- **Sache** 女 (-/-n) 《複数》品物、持ち物 ; 衣服 ; 食べ物 ;《主に単数》こと 3級

- **überprüfen** 他 吟味する、点検する、チェックする 4級
    - ⊕ prüfen 他 調べる、確かめる、検査する、調査する、チェックする 3級 (⇒5_25)

- **ein|packen** 他 詰める、荷造りする 4級

55

R: **Claus hat mich beim Fußball ans Schienbein getreten. Ich musste zum Arzt gehen. Jetzt habe ich diesen Verband.**

Studentin: **Er spielt wirklich gut, aber auch rücksichtslos.**

R: クラウスがサッカーで僕の脛を踏んじゃったんだ。医者に行く羽目になって、今こうして包帯をしているというわけだよ。
学生 : 彼のプレーは本当にうまいけど、向こう見ずでもあるからね。

- **Schienbein** 中 (-(e)s/-e) 脛骨、脛の骨 2級
- **treten*** 他 (人・物⁴ を) 踏む、踏みつける 自 (S) 歩む 4級
- **Verband** 男 (-(e)s/..bände) 包帯 2級
- **rücksichtslos** 形 人のことを考えない、遠慮のない ; わがままな 2級

Kapitel V

(3級中心 ①)

1

Nachbarin: **Ich habe lange darüber nachgedacht, wie ich das Problem mit der Pflege meiner Mutter lösen kann.**
B: **Hoffentlich fühlt sich Ihre Mutter im Altersheim wohl.**

隣人：母の介護の問題をどう解決できるか、ずっと考えてきたんです。
B: お母さまが老人ホームを快適だと感じられたらいいのですけど。

- **nach|denken*** 自 〈über ④〉（事⁴ を）よく考える、熟考する 3級
    - ⊕ überlegen 他 (決めるために) よく考える、熟慮する 3級 (⇒2.46)
- **Pflege** 女 (-/) 介護、看護、看病；世話、ケア 2級
    - ⊕ pflegen 他 (人⁴ の) 世話をする、(髪⁴ などの) 手入れをする；《zu 不定詞句と》…する習慣である 3級 (⇒6.19)
    - ⊕ Pfleger 男 (-s/-) 介護士、看護人 (Pflegerin 女 (-/-nen)) 2級
- **wohl|fühlen** 再 sich⁴ 体調がいい；気分がいい（と感じる）；快適に感じる 4級
    - ⊕ Ist Ihnen nicht wohl？ P 気分がよくないのですか？
- **Altersheim** 中 (-(e)s/-e) 老人ホーム 3級

2

A: **Ich habe hin und her überlegt und habe schließlich für meine Mutter 3 Opernkarten zum Geburtstag gekauft.**
B: **Ja, ich glaube, damit kann man ihr eine Freude machen, deine Mutter mag Opern. Muss ich denn mitgehen?**

A: あれこれ考えて、結局、母の誕生日にオペラのチケットを3枚買ったのよ。
B: ああ、それで喜んでもらえるね。お母さんはオペラが好きだから。で、僕も一緒に行かなきゃダメかな？

- **schließlich** 副 結局は、結局のところ 4級
    - ⊕ endlich 副 やっと、とうとう、ようやく 5級
    - ⊕ zuletzt 副 一番後に、最後に、終わりに 4級
- **Opernkarte** 女 (-/-n) オペラのチケット 2級
- ③ **eine Freude machen** P 人³ を喜ばせる 3級

Kapitel V

3

A: Das japanische Parlament wurde aufgelöst. Wer vermutest du, wird der nächste japanische Ministerpräsident?

R: Nach der Wahl wird es vermutlich der gleiche sein. Die regierende Partei wird wohl nicht ihre Mehrheit verlieren.

A: 日本の議会が解散したんだって。次の日本の首相は誰だと思う？
R: 選挙後は同じ首相ではないかと思います。政権与党は多数を失わないでしょうから。

- **Parlament** 中 (-(e)s/-e) 議会、国会 3級
- **auf｜lösen** 他 解散させる；溶かす；解く 2級
- **vermuten** 他 推測する、…ではないかと思う 3級
  - ➕ an｜nehmen* 他 受け入れる、承諾する；受け取る；推測する 3級 (⇒5.20)
- **Ministerpräsident** 男 (-en/-en) 弱 (日本で)首相、(ドイツで)州首相 3級
  - ➕ Regierungschef 男 (-s/-s) 首相 2級
- **Wahl** 女 (-/-en) 選挙 4級
  - ➕ wählen 他 選ぶ；選挙する；投票する 4級 (⇒3.1)
- **vermutlich** 副 推測するに、たぶん、どうやら、おそらく 2級
  - ➕ wahrscheinlich 副 たぶん [おそらく]…だろう、どうやら…らしい 4級 (⇒4.24)
- **regieren** 他 統治する、支配する、治める（英語 rule）；(物⁴ の政権を)担う 3級
  - ➕ Regierung 女 (-/-en) 政府 4級
- **Mehrheit** 女 (-/-en) 多数 3級
  - ➕ Minderheit 女 (-/-en) 少数（派)、マイノリティ 3級 (⇒2.43)

4

A: So langes Lesen auf dem Bildschirm schadet den Augen! Lies doch lieber auf Papier!

R: Das Suchen im Internet macht mir aber viel Spaß. Es ist so nützlich und interessant, Aktuelles aus aller Welt zu erfahren.

A: そんなに長い時間、スクリーンで何か読んでると目を悪くしますよ。むしろ紙で読んだほうがいいんじゃない。
R: ネット検索がとにかく楽しくって。世界中のホットな話題を知っておくと、すごく役に立つし面白いんですよ。

- **Das macht mir Spaß.** ℙ それは面白い。 4級
- **nützlich** 形 役に立つ、有益な、有用な 4級
    - ⊕ nutzen, nützen 他 利用する、役立てる 自 (人³ の) 役に立つ、(人³ に) 有益 [有効] である 4級 (⇒4.38)
- **aktuell** 形 今日的な、アクチュアルな；最新流行の 3級
    - ⓘ Aktuelles は形容詞の名詞化。
- **erfahren*** 他 知る；経験する 4級
    - ⊕ Von wem haben Sie das erfahren? ℙ それを誰から聞いたんですか?

5

C: **Meine Großmutter ist 81, aber sie sagt, sie brauche keinen Betreuer. Und sie sei völlig selbstständig.**
R: **Schon 81? Das merkt man ihr nicht an.**

C: うちのおばあちゃんは 81 歳だけど、面倒を見てくれる人はいらないし、しっかり自立している、と言ってるよ。
R: もう 81 歳？ そうは見えないね。

- **brauche** 接続法Ⅰ式で、間接話法
- **Betreuer** 男 (-s/-) 世話人 (Betreuerin 女 (-/-nen)) 2級
    - ⊕ betreuen 他 (人・事⁴ を) 世話する、(人・事⁴ の) 面倒を見る、(人⁴ に) 付き添う；(人・事⁴ を) 担当する、受け持つ 3級
- **völlig** 副 まったく、完全に、すっかり 4級
    - ⓘ 副詞として gut や schön などの肯定的な意味の形容詞を修飾しない
- **selbstständig** 形 独立した、自立した、自活の、自営の 3級
    - ⊕ sich⁴ selbstständig machen ℙ 独立する、自立する、自活する、自営業者になる
- **an | merken** 他 (人³ が事⁴ であることを) (外観から) 見てとる、気づく、(人³ の事⁴ に) 気がつく 2級
    - ⊕ Anmerkung 女 (-/-en) 意見；注、注釈 2級

Kapitel V

6

Nachbarin: **Ich bin kurzsichtig geworden. Ich brauche vielleicht eine Brille. Morgen gehe ich zum Optiker.**

B: **Gehen Sie lieber erst zum Augenarzt! Der kann feststellen, ob alles in Ordnung ist und warum Sie schlechter sehen.**

隣人：近眼になってしまったわ。メガネが必要かもしれないのよ。明日メガネ屋さんに行ってくるわ。
B: なら、最初に眼医者に行ったほうがいいですよ。問題がないかどうか、それになぜ目が悪くなったのか、医者だけがはっきりさせてくれますから。

- ❑ **kurzsichtig** 形 近視の、近眼の 2級
  - ➕ weitsichtig 形 遠視の 2級
- ❑ **Optiker** 男 (-s/-) メガネ屋 2級
- ❑ **Augenarzt** 男 (-es/..ärzte) 眼科医、眼医者 2級
- ❑ **fest | stellen** 他 確かめる、突き止める、はっきりさせる、認める；気付く 3級
  - ➕ Feststellung 女 (-/-en) 確定、確認 2級
- ❑ **gut [schlecht] sehen*** P 目がいい [悪い] 5級

7

B: **Ich war überrascht, dass Ryosuke so viel mit Daniel unterwegs ist. Er ist ja viel älter …**

A: **Keine Sorge. Die beiden verstehen sich unheimlich gut.**

B: 驚いたな、亮介がダニエルと何度も出かけるなんて。だって彼はずっと年上だし。
A: 心配ないわよ。二人はすごく気が合っているからね。

- ❑ **überraschen** 他 (人⁴を) 驚かせる、不意打ちする；喜ばせる 3級
  - ➕ überraschend 形 不意な、思いがけない、意外な 2級
- ❑ **unterwegs sein*** P 出かけている、外出している、旅行中である 3級
- ❑ **Keine Sorge!** P 心配しないでね。 4級
- ❑ **verstehen*** 他 聞こえる、聞き取れる；理解する、分かる 5級
  - ➕ sich⁴ mit ③ verstehen* P 人³と理解し合う、気が合う 4級

8

A: **Ich habe Daniel versprochen, dass wir ihm zu Weihnachten schenken, was er will, wenn er bessere Noten in Mathematik und Physik hat.**

B: **Schafft er das? Das wird schwierig für ihn …**

A: もし数学と物理で今より良い成績をとったら、ほしいものをクリスマスにプレゼントするとダニエルに約束したのよ。
B: そんなことやれるかな？ あの子には難しいだろう。

- **versprechen*** 他 約束する；期待させる 再 sich⁴ 言い間違いをする 3級
  - ⊕ Versprechung 女 (-/-en) 約束、確約
- **Physik** 女 (-/) 物理 (学) 3級
  - ! Chemie (化学)、Biologie (生物)、Geografie (地理)、Geschichte (歴史) は全て女性名詞。

9

Kollegin: **Unser Sohn Claus kommt nachts oft nicht nach Hause, und mein Mann scheint es gar nicht zu bemerken.**

B: **Vielleicht tut er nur so, als ob er nichts sieht, um Streit zu vermeiden?**

同僚：息子のクラウスが、夜、家に帰ってこないことが多いんだけど、夫は何も気づいてないようなの。
B: ひょっとしたら、言い合いを避けるために、何も見ていないふりをしているだけなのかも。

- **nachts** 副 夜に、夜分に；毎夜 4級
  - ! 名詞に –s を付けて副詞を作る。意味に「毎…」が加わる。
- **bemerken** 他 気づく、わかる、認める；見かける；述べる 3級
- **vermeiden*** 他 (困難⁴ を) 避ける、(事⁴ を) しないようにする 2級
  - ⊕ meiden* 他 避ける 2級

Kapitel V

10
Kollegin: **Wir haben im März unsere silberne Hochzeit.**
B: **Meine besten Glückwünsche! Werdet ihr diesen Tag allein oder mit euren Kindern feiern?**

同僚：3月、私たちの銀婚式なの。
B: おめでとう。その日は水入らずで？ それとも子供たちと一緒にお祝いするの？

- ☐ **silberne Hochzeit** 女 (-/-en) 銀婚式（結婚25年目のお祝い）2級
  - ➕ goldene Hochzeit 女 (-/-en) 金婚式（結婚50年目のお祝い）2級

- ☐ **Glückwunsch** 男 (-(e)s/..wünsche) お祝い（の言葉）、祝詞、祝辞 4級
  - ➕ Herzlichen Glückwunsch zum Geburtstag! P 誕生日おめでとう!
  - ➕ meine besten (herzlichen) Glückwünsche P (心から) お祝いを申し上げます

- ☐ **feiern** 他 祝う、お祝いする；賛美する 3級
  - ➕ Feier 女 (-/-n) 祝い、祝賀会 3級

11
Ungeduldiger Kunde: **Entschuldigung, wie lange muss ich denn noch warten? Ich habe mich angemeldet.**
A: **Einen Augenblick bitte! Da muss ich mal nachsehen.**

いらいらした客：すみませんけど、いったいこれからどれくらい待たなきゃならないんですか？ 約束してあるのに。
A: 少々お待ち下さい。ちょっと確認いたします。

- ☐ **an|melden** 他 申し込む、予約する；届け出る 3級
  - ➕ sich⁴ bei ③ an|melden 再 所³に申し込む、予約する；届け出る 3級
  - ➕ Anmeldung 女 (-/-en) 申し込み 3級 (⇒5.37)

- ☐ **nach|sehen*** 他 調べる、チェックする 自 見送る 2級

12

Chefin: **Es geht um einen wichtigen Termin. Ich habe mehrmals versucht, Sie zu erreichen.**

B: **Tut mir Leid, ich war heute Morgen nicht im Büro. Haben Sie denn etwas mit meinem Kollegen vereinbart?**

上司：大事な約束の件で話があるの。何度も君に連絡を取ろうとしたのよ。
B：すみません、今朝は社内にいなかったもので。もう同僚と何か決めたんですか？

- **Es geht um** ④. 𝑃 事⁴のことである、事⁴が問題だ。 4級
  - ⊕ Es handelt sich um ④. 𝑃 物・人⁴が扱われている、物・人⁴の問題［件、話題、こと］である 4級 (⇒4.33)
- **Termin** 男 (-s/-e) 期日、期限；予約、（面会の）約束 3級
  - ⊕ termingemäß 形 期日［期限］通りの、期日［期限］内の 3級 (⇒7.3)
  - ⊕ einen Termin machen [haben*, ab|sagen] 𝑃 約束する［約束がある、約束をキャンセルする］
- **erreichen** 他 (人⁴に)(電話で)連絡をとる；手が届く；達する；間に合う 3級
- **Kollege** 男 (-n/-n) 同僚 (Kollegin 女 (-/-nen)) 4級
- **vereinbaren** 他 取り決める；一致させる 2級
  - ⊕ ④ mit ③ vereinbaren 𝑃 人³と事⁴を取り決める、協定する

13

D: **Ich kann mir diese mathematischen Formeln einfach nicht merken.**

Freundin: **Ich auch nicht. Aber ich wiederhole sie bis zur Prüfung jeden Tag.**

D：この数学の公式が全然覚えられない。
友人：私も。でも試験まで毎日繰り返し練習するわ。

- **mathematisch** 形 数学（上）の、数学的な 2級
  - ⊕ Mathematik 女 (-/) 数学 4級 (⇒1.8)
- **Formel** 女 (-/-n) 公式、数式；決まり文句 2級
- **merken** 他 (sich³)(事⁴を) 覚える；気付く 3級

Kapitel V

- **wiederholen** 他 繰り返す、復習する；取り返す、取り戻す 4級

---

14 Studentin: **Unterstützen deine Eltern dich finanziell?**
R: **Sie können das nicht. Deshalb bin ich ja gezwungen, nebenbei zu jobben. Da hilft alles nichts …**

学生：ご両親は金銭面で支援してくれるの？
R: できないんだよ。だから、勉強のかたわらバイトをしなきゃならない。こういう場合は仕方ないよね。

- **unterstützen** 他 支援する、援助する 3級
  - ➕ Unterstützung 女 (-/-en) 支援、援助 2級
- **finanziell** 形 財政上の、資金面の、金銭面の 3級
- **gezwungen sein*, …**〈zu 不定詞〉P …することを強いられている、…せざるをえない 3級
  - ➕ zwingen* 他 無理やりさせる、強制する 3級
  - ➕ Zwang 男 (-(e)s/Zwänge) 強制、拘束 2級
- **nebenbei** 副 そのかたわら、副次的に；ついでに 3級
- **jobben** 自 アルバイトする 3級
  - ➕ Job 男 (-s/-s)《口》アルバイト 4級
  - ⚠ 英語の job を「アルバイト」の意味で用いる。
- **Da hilft (alles) nichts.** P 仕方がない、どうしようもない。2級

---

15 R: **Ich muss mich mal erkundigen, wo man sich zum Deutschtest anmelden kann.**
C: **Schau doch im Internet nach, das geht am schnellsten.**

R: ドイツ語テストの申し込みがどこでできるのか、ちょっと問い合わせなきゃ。
C: インターネットで調べなよ、それが一番早いから。

- **erkundigen** 再 sich⁴ 尋ねる、問い合わせる 3級
  - ➕ sich⁴ nach ③ erkundigen P 事³ を尋ねる、問い合わせる
- **Deutschtest** 男 (-(e)s/-s, -e) ドイツ語のテスト 2級

- [ ] **nach | schauen** 他 調べる、チェックする、確かめる 2級

16

A: **Patrick hat eine sehr gute Stelle in einer italienischen Firma bekommen.**

B: **Er ist ja wirklich sehr tüchtig und ausgezeichnet qualifiziert. Zu so einer Stelle kann man ihm gratulieren!**

A: パトリックはイタリアの企業でとてもいい職を得たわ。
B: 彼は実に優秀だし、すばらしい能力を持っているもんね。その就職にはおめでとうと言えるね。

- [ ] **Stelle** 女 (-/-n) 職、務め口；場所；順位 3級
  - ✚ Stellung 女 (-/-en) 地位、身分；位置；姿勢 3級 (⇒5.41)
- [ ] **tüchtig** 形 有能な、仕事ができる；(仕事などが) 立派な、優れた 2級
- [ ] **qualifiziert** 形 有資格の、有能な 2級
  - ✚ qualifizieren 他 人⁴に資格を与える (英語 qualify) 2級
- [ ] **gratulieren** 自 祝いの言葉を述べる (英語 congratulate) 3級
  - ✚ ③ zu ③ gratulieren P 人³に事³のお祝いを述べる 3級
  - ✚ Herzlichen Glückwunsch zum Geburtstag! P 誕生日おめでとう。 4級

17

C: **Kennst du die Freundin von Ryosuke? Verrat mir doch mal, wer das ist.**

D: **Das geht nicht. Das ist ein Geheimnis unter Männern. Aber sie soll sich auf den ersten Blick in ihn verliebt haben.**

C: 亮介のガールフレンドを知ってる？ 誰なのかちょっと教えてよ。
D: ダメ、ダメ。男と男の秘密だから。でも彼女のほうが一目ぼれしたそうだよ。

- [ ] **verraten*** 他 《口》打ち明ける、こっそり教える；裏切る 3級
- [ ] **Geheimnis** 中 (-ses/-se) 秘密 4級

Kapitel V

- ❏ **Blick** 男 (-(e)s/-e) 一見、一瞥、視線 4級
    - ➕ auf den ersten Blick ℗ 一目見て 4級
    - ➕ einen Blick auf ④ werfen* ℗ 人・物⁴に目を向ける、人・物⁴をちらっと見る
    - ➕ blicken 自 見る、目を向ける 4級

- ❏ **verlieben** 再 sich⁴ 惚れ込む、恋する 3級
    - ➕ sich⁴ in ④ verlieben ℗ 人⁴に惚れ込む、恋する、夢中になる 3級
    - ➕ in ④ verliebt sein* ℗ 人⁴に恋している、夢中になっている
    - ➕ mögen* 他 好きである、好む 5級
    - ➕ gern | haben* 他 (気が合う程度に) 好きである、好む 4級

18

A: Ich muss noch eine Menge korrigieren für unsere neuen Veröffentlichungen. Gehen wir?

B: Ja, ich würde auch gerne bezahlen. Wink doch bitte dem Kellner, ich sehe ihn nicht.

A: まだたくさん新刊の校正をしなきゃならないの。行く？
B: うん。お勘定もしたいね。ウェイターに合図してよ。僕には見えないんだ。

- ❏ **eine Menge** ℗《口》たくさんの、多量の 3級
- ❏ **korrigieren** 他 訂正する、修正する、校正する、添削する (英語 correct) 3級
- ❏ **Veröffentlichung** 女 (-/-en) 出版物、刊行物 2級
- ❏ **winken** 自 (人³に) 合図する 3級
- ❏ **Kellner** 男 (-s/-) 給仕、ボーイ、ウェイター (Kellnerin 女 (-/-nen)) 3級
    - ➕ Ober 男 (-s/-) 給仕 2級
    - ❗ ウェイターを呼ぶとき、高級なレストランでは Herr Ober! と言う。

19

A: Ich habe gehört, Daniel sei sofort aufgestanden, als eine ältere Frau in den Bus eingestiegen ist und habe ihr sehr höflich seinen Platz angeboten.

B: Ja, stimmt. Ich war dabei und habe es beobachtet.

A: 年配の女性がバスに乗車したとき、ダニエルがすぐ立ち上がって、とても

丁寧に自分の席を譲ってあげたって聞いたけど。
B: そうなんだよ。僕もその場に居合わせて、見てたんだ。

- **sei** sein の接続法Ⅰ式で、間接話法
- **ein|steigen*** 圓 ⓢ 乗車する；家の中に入る 4級
  - ➕ in den Zug [Bus] ein|steigen* 回 列車 [バス] に乗車する 4級
- **habe** 接続法Ⅰ式で、間接話法
- **älter** alt の比較級
  - ⓘ 意味の違いに注意：eine ältere Frau（中年の女性）/ eine alte Frau（老年の女性）
- **höflich** 形 礼儀正しい 3級
- **an|bieten*** 他 提供する、すすめる 3級
  - ➕ Angebot 中 (-(e)s/-e) 申し出、提供（品）；売り出し 4級 (⇒5_25)

20

Nachbarin: **Der Rechtsanwalt hat mir geraten, den Vergleich im Ehescheidungsprozess anzunehmen.**
B: **Was meint dein Ex dazu?**

隣人：弁護士が私に離婚訴訟で和解を受け入れるように勧めたんだけど。
B: あなたの元夫はそれについて何と言っているの？

- **Rechtsanwalt** 男 (-(e)s/..wälte) 弁護士 2級
- **raten*** 他 (人³に事⁴を) 勧める、促す、助言する；言い当てる 4級
  - ➕ **beraten*** 他 (人⁴に) 助言する、忠告する 3級
  - ➕ **Rat** 男 (-(e)s/Räte) 助言；妙案；協議会 4級
- **Vergleich** 男 (-(e)s/-e) 比較、対照；和解、和議 3級
- **Ehescheidungsprozess** 男 (-es/-e) 離婚訴訟 2級
  - ➕ **Ehe** 女 (-/-n) 結婚（生活）、婚姻 4級
  - ➕ **Prozess** 男 (-es/-e) 裁判、訴訟；経過 3級
- **an|nehmen*** 他 受け入れる、承諾する；受け取る；推測する 3級
- **Ex** 男 女 (-/-) 元の旦那 (der Exmann)、元カレ (der Exfreund)；元の妻 (die Exfrau)、元カノ (die Exfreundin) 2級

Kapitel V

21

A: Ich könnte mich nicht an so feuchte Sommer in Tokyo gewöhnen!
R: Ja, im Sommer ist es ohne Klimaanlage wirklich wie in einem Ofen.

A: 私なら、東京のそんなに湿気のある夏には慣れることができそうもないわ。
R: ええ、東京で夏にエアコンなしだと、本当にオーブンの中にいるようですよ。

- ❏ **gewöhnen** 再 sich⁴ (人・事⁴ に) 慣れる 3級
  - ➕ sich⁴ an ④ gewöhnen 🅿 事⁴ に慣れる
  - ➕ gewöhnlich 形 普通の 副 通常、普通、一般に 3級 (⇒1.17)
- ❏ **feucht** 形 湿った、湿気のある、湿度の高い 3級
  - ➕ Feuchtigkeit 女 (-/-) 湿気；湿度 2級
  - ➕ schwül 形 蒸し熱い 2級 (⇒7.6)
- ❏ **Klimaanlage** 女 (-/-n) エアコン 3級
  - ➕ Klima 中 (-s/-s, -te) 気候、風土 4級
  - ➕ Anlage 女 (-/-n) 施設、設備；素質；装置 3級
- ❏ **Ofen** 男 (-s/Öfen) オーブン、レンジ；ストーブ 4級

22

C: Hier steht: „Die Autos sollen bis in einigen Jahren automatisch ohne Fahrer parken können."
R: Aber einige Wissenschaftler zweifeln daran, dass das gelingt.

C: 「自動車は、数年のうちに自動的に運転手なしで駐車できるはずである」とここに書いてある。
R: でも、その成功を疑っている科学者もいるよ。

- ❏ **automatisch** 形 自動の、自動的な 3級
  - ➕ Automat 男 (-en/-en) 自動販売機 4級
- ❏ **Fahrer** 男 (-s/-) 運転手、ドライバー（Fahrerin 女 (-/-nen)）4級
- ❏ **Wissenschaftler** 男 (-s/-) 学者、科学者（Wissenschaftlerin 女 (-/-nen)）2級
  - ➕ Wissenschaft 女 (-/-en) 学問；知識 3級
- ❏ **zweifeln** 自 〈an ③〉 (事³ を) 疑う、信じない 3級

- ➕ Zweifel 男 (-s/-) 疑い、疑念 3級
- ➕ bezweifeln 他 (事⁴とは) 思わない、確実でないと思う 2級

☐ **gelingen*** 自 ⓢ うまくいく、成功する 3級

23

Beim Arzt: **Es tut mir leid, aber haben Sie sich vielleicht geirrt? Sie sind nicht für heute eingetragen, sondern erst für morgen.**

R: **Oh, da habe ich wohl das Datum verwechselt?!**

医者の受付：すみません、お間違えのようですが。ご予約は今日ではなく、明日です。
R: ああ、なら日付を間違えちゃったかな。

☐ **irren** 再 sich⁴ 思い違いをする、間違う 3級
- ➕ Irrtum 男 (-(e)s/..tümer) 間違い、誤り 2級
- ➕ irrtümlich 形 間違った、間違いに基づいた 2級

☐ **ein|tragen*** 他 記入する、記録する、登録する 2級

☐ **verwechseln** 他 取り違える、思い違える 3級
- ➕ ④ mit ③ verwechseln 🅿 人・物⁴を人・物³と取り違える、思い違える 3級

24

A: **Soll ich zum Arzt zur Untersuchung gehen? Was meinen Sie?**

Kollege: **Meine Mutter hatte Magenkrebs. Da sie sich rechtzeitig untersuchen lassen hat, hat man ihr glücklicherweise durch eine Operation das Leben gerettet.**

A: 医者のところに検査に行くべきかな？ どう思う？
同僚：うちの母は胃癌だったんだけど、早期に検査してもらったので、幸い手術で助かったんだ。

☐ **Magenkrebs** 男 (-es/-e) 胃癌 2級
- ➕ Krebs 男 (-es/-e) 癌 2級

Kapitel V

- ➕ Lungenkrebs 男 (-es/-e) 肺癌 2級
- ➕ Leberkrebs 男 (-es/-e) 肝臓癌 2級

❑ **rechtzeitig** 副 間に合うように、遅くならないうちに、時間内に、早めに 4級

❑ **glücklicherweise** 副 幸い (なことに)、幸運にも 2級

❑ **Operation** 女 (-/-en) 手術 3級
   ➕ operieren 他 手術する 自 行動する 3級

❑ **retten** 他 救う；保存する 3級
   ➕ (③) das Leben retten P (人³の) 命を救う 3級

25
Chef: **Haben Sie das Angebot der Firma X geprüft?**
A: **Ja, aber im Vergleich mit dem Angebot der Firma Y ist es viel zu teuer.**

上司：X 社のオファーをチェックしましたか？
A: はい、でも Y 社のものと比較するとあまりにも高すぎます。

❑ **Angebot** 中 (-(e)s/-e) 申し出、提供 (品)；売り出し 4級
   ➕ an|bieten* 他 提供する、すすめる 3級 (⇒5_19)

❑ **prüfen** 他 調べる、確かめる、検査する、調査する、チェックする 3級
   ➕ Prüfung 女 (-/-en) 試験、テスト；検査 5級 (⇒4_18)
   ➕ eine Prüfung machen P 試験を受ける

❑ **im Vergleich mit** ③ P 人・物³と比較して 3級

26
R: **Ich möchte nach dem Abschluss eine gute Stelle, möglichst als Manager in einer internationalen Firma.**
Studentin: **Das klappt bestimmt. Du hast doch bisher alle deine angestrebten Ziele erreicht.**

R: 卒業後、いい職に就きたいな、できれば経営者として、それも国際的な企業で。
学生：きっとうまくいく。これまで君の目指した全ての目標を達成してきたじゃない。

- **Abschluss** 男 (-e/..schlüsse) 修了、終了；修了試験；(大学) 卒業 2級
  - ⊕ ab｜schließen* 他 (所⁴に) 鍵をかける；修了[終了]する 自 終わる 4級 (⇒4_54)
- **möglichst** 副 できるだけ、なるべく；可能なら 4級
- **Manager** 男 (-s/-) マネージャー；経営者 2級
- **bestimmt** 副 きっと[確実に]…にちがいない 4級
- **an｜streben** 他 得ようと努める、目指す 2級

27

R: **Sind Beziehungen auch in Deutschland nützlich, wenn man eine gute Stelle bekommen will?**

Studentin: **Ja, man muss einfach alle Beziehungen nutzen. Du bist doch auch bei Beziehungen allen Studenten unserer Uni haushoch überlegen.**

R: 良い職がほしい場合、ドイツでもコネは役に立つの？
学生：ええ、とにかく何でもコネを利用しなくてはね。でも、コネの点でも、君はうちの大学の誰よりもずっと勝っているんだからね。

- **überlegen sein*** P (能力が) 卓越している、傑出している、勝っている 3級
  - ⊕ Überlegenheit 女 (-/) 優越、優勢 2級
- **haushoch** 副《口》著しく、非常に高く 2級

28

R: **Ich war ja sehr enttäuscht, als ich erfahren habe, dass Felix das Studium aufgeben will.**

Studentin: **Ich habe damit gerechnet. Er hat sich überhaupt keine Mühe gegeben.**

R: フェリクスが大学を辞めたがってると聞いて、とてもがっかりしたよ。
学生：予想していたわ。だいたい、彼は学校で努力をしなくなっていたから。

- **enttäuscht sein*** P がっかりしている、失望している 3級
  - ⊕ Enttäuschung 女 (-/-en) 失望（の種）、つまらないもの；幻滅 2級

Kapitel V

- [ ] **Studium** 中 (-s/Studien) **大学での研究 [勉強]** 2級
    - ➕ studieren 他 学科⁴を専攻している 5級
- [ ] **auf|geben*** 自他 やめる、放棄する、断念する 3級
- [ ] **mit ③ rechnen** P 事³を考慮に入れる、予想する、覚悟する 3級
- [ ] **überhaupt nicht** P まったく [全然] (…で) ない 4級

29

R: **Warum ärgerst du dich so?**

Studentin: **Ich bin sauer darüber, diese Prüfung nicht bestanden zu haben. Das ist wirklich ärgerlich.**

R: なぜそんなにイラついてるの？
学生：試験に落ちたことが癪に障るの。本当にムカつく。

- [ ] **ärgern** 他 怒らせる、ムッとさせる 再 sich⁴ 〈über ④〉(事⁴ に) いらだつ、ムッとする、腹を立てる 3級
    - ➕ Ärger 男 (-s/) 腹立ち、いらだち 2級
- [ ] **sauer** 形《口》(人⁴に対して) ムッとした、頭にきた、腹を立てた；酸っぱい 4級
    - ➕ zornig 形 怒った 2級
    - ➕ wütend 形 激怒した、怒り狂った 3級
- [ ] **ärgerlich** 形 いらだった、ムッとする、腹を立てた、頭にきた 3級
    - ➕ ④ ärgerlich machen P 人⁴を怒らせる
    - ➕ Es ist ärgerlich. P 腹立たしい。
    - ➕ Ich bin ärgerlich. P 私は腹が立っている。

30

A: **Und wie gefällt es deiner Mutter nach ihrem Umzug in Tokyo?**

R: **Gut, aber sie klagt über die hohen Preise.**

A: お母さまは東京に引っ越してどうなの？
R: 気に入ってはいるんですが、物価が高いとこぼしています。

- [ ] **Es gefällt ③ …** P《非人称》人³は…が気に入っている 4級

- **Umzug** 男 (-(e)s/..züge) 引っ越し、転居、移転 2級
  - ➕ um｜ziehen* 自 ⓢ 引っ越す、転居する 他 着替えさせる 4級
- **klagen** 自〈über ④〉(事⁴について)不満[不平]を言う、文句を言う；痛いと言う 3級
  - ➕ gegen ④ klagen Ⓟ 人⁴を訴える
  - ➕ Klage 女 (-/-n) 嘆き、悲嘆 2級

31

A: **Der Vermieter sagt, er habe das Recht, wegen der neuen Heizung die Miete zu erhöhen.**

B: **Da möchte ich aber widersprechen. Ich werde mich weigern, mehr Miete zu bezahlen.**

A: 大家さんが、新しい暖房を理由に、家賃を上げる権利があると言っているんだけど。
B: でも、それには反対したいな。これ以上の家賃を払うことは拒否するよ。

- **Heizung** 女 (-/-en) 暖房器具[装置] 4級
  - ➕ heizen 自他 暖房する 4級
- **Miete** 女 (-/-n) 家賃 4級
- **erhöhen** 他 上げる、増加させる 3級
- **widersprechen*** 自 (事³に) 反対する、反論する、反駁する；矛盾する 3級
- **weigern, ...〈zu 不定詞〉** 再 sich⁴ (…することを) 拒む、拒否する 3級
  - ➕ verweigern 他 (規則・道徳の上で) 拒む、断る 2級
  - ➕ ab｜lehnen 他 断る；辞退する 3級

32

A: **Gestern war es bei meiner Mutter sehr angenehm, nicht? Aber die Umgebung dort hat sich total verändert.**

B: **Was ich als ganz gravierend empfinde, ist, dass die Bäume verschwinden.**

A: 昨日は母のところでとても楽しかったでしょう？ でも、あの周辺はすっかり変わってしまった。

B: 僕がとても深刻に感じるのは、木がなくなることだよ。

- **angenehm** 形 快い、感じの良い ; 楽しい 3級
- **Umgebung** 女 (-/-en) 環境、周り、周囲 3級
- **verändern** 再 sich⁴ 変わる、変化する 他 変える 3級
  - ⊕ **ändern** 他 変える、変更する、変化する 4級 (⇒3.1)
- **gravierend** 形 (悪い意味で) 重大な 2級
- **empfinden*** 他 感じる 3級
- **verschwinden*** 自 ⓢ 消える、消滅する、姿を消す 2級

33
A: **Du hast in letzter Zeit nicht regelmäßig trainiert. Du hast im nächsten Marathon keine Aussicht auf einen guten Platz.**

B: **Warum nicht? Ich habe mich nicht verschlechtert. Ich bin gut in Form.**

A: この頃、規則正しくトレーニングしてなかったわね。次のマラソン大会では上位入賞は見込みないわね。
B: どうしてダメなの？ 悪くなってないよ。体調もいいし。

- **regelmäßig** 副 規則的に、きちんと、いつも [通常] のように 4級
- **Marathon** 男 (-s/-s) マラソン 2級
  - ⊕ Marathon laufen* P マラソンする
- **Aussicht** 女 (-/-en) 見込み、見通し ; 眺め 4級
  - ⊕ Aussicht auf ④ haben* P 事⁴への見込み [見通し、期待] がある 4級
  - ⊕ ④ in Aussicht haben* P 事⁴への見込みがある、事⁴が期待できる 4級
- **Form** 女 (-/-en) 体調、体のコンディション ; 形、形態 ; 礼式 4級
  - ⊕ gut [schlecht] in Form sein* P 体調がよい [悪い]

34

A: **Du verabschiedest dich schon? Willst du abnehmen?**

R: **Aber nein! Ich muss mich furchtbar beeilen. Ich habe heute keine Zeit zum Essen.**

A: もう行っちゃうの？ やせたいと思ってるの？
R: とんでもない。すごく急いでるんです。今日は食事に時間をかけられないんです。

- **verabschieden** 再 sich⁴ 別れを告げる 3級
  - ➕ Abschied 男 (-(e)s/-e) 別れ、別離；辞職 2級
  - ➕ von ③ Abschied nehmen* P 人・物³に別れを告げる
- **furchtbar** 副《口》ものすごく 3級

35

D: **Mutti, du musst geahnt haben, dass wir heute noch Besuch bekommen.**

A: **Ich habe es natürlich nicht gewusst. Aber ich bin ja immer darauf vorbereitet, dass jemand überraschend zu Besuch kommt.**

D: 母さん、今日はお客さんが来るのを予感してたんだよね。
A: もちろん、わかってたわけじゃないわ。でも、誰かが突然訪ねて来てもいいように、準備はいつもしているのよ。

- **ahnen** 他 予感する 2級
- **heute noch** P 今日のうちに、今日中に；今日でもなお 4級
- **auf ④ vorbereitet sein*** P 事⁴に（備えて）準備[用意]をしてある 3級
  - ➕ vor|bereiten 他 (事⁴の) 準備をする 3級 (⇒ 2.18)

36

R: **Hast du denn alle Pläne für dein späteres Leben realisiert?**

A: **Keinen einzigen! Na ja, es waren auch eher verschwommene Träume als überlegte Pläne …**

Kapitel V

R: 人生後半の生活設計は全て実現したんですか？
A: 一つもしてないわ。そうねえ、よく練られた計画というよりはむしろ漠然とした夢でもあったから…。

- **realisieren** 他 実現する、達成する（英語 realize）3級
- **einzig** 形 唯一の、ただ一つの 4級
- **verschwommen** 形 ぼやけた、不明瞭な、もうろうとした 2級
  - ➕ verschwimmen* 自 ⓢ ぼやける、ぼんやりする 2級

37

A: Ich wollte die Anmeldung bei der Versicherung eigentlich erst morgen erledigen. Und das hat doch noch ein bisschen Zeit.

B: Warum erst morgen? Wir sollten das bald regeln.

A: 保険会社の申し込み、もともと明日になったら片づけようと思ってたのよ。それにはまだ少し時間があるじゃない。
B: なぜ明日になったらなの？ それはすぐに片づけた方がいいよ。

- **Anmeldung** 女 (-/-en) 申し込み 3級
  - ➕ an|melden 他 申し込む、予約する；届け出る 3級 (⇒5.11)
- **Versicherung** 女 (-/-en) 保険（契約）；保険会社；保険料 3級
- **erledigen** 他 (なすべき事⁴ を) 処理する、(片づけるべき事⁴ に) けりをつける、決着をつける 3級
- **regeln** 他 整理する、規制する；調整する；(事⁴ の) 片をつける 3級
  - ➕ Regel 女 (-/-n) 規則、規定；一般的なこと 3級
  - ➕ Regelung 女 (-/-en) 規制；規定 2級 (⇒5.44)

38

C: Hier steht: „Durch vitaminreiche Nahrung, vor allem Vitamin C, kann man sich vor Erkältungen schützen."

R: Ich esse im Winter immer viele Mandarinen. Das habe ich ja genau richtig gemacht.

C: ここに「ビタミンが豊富な食べ物、特にビタミン C は風邪を予防する」と書いてあるんだけど。

R: 冬はいつもミカンをたくさん食べてるよ。まさに正しいことをしてたんだね。

- ❏ **vitaminreich** 形 ビタミンの豊富な 2級
- ❏ **Nahrung** 女 (-/-en) 栄養物、飲食物、糧 4級
- ❏ **Vitamin** 中 (-s/-e) ビタミン 2級
- ❏ **Erkältung** 女 (-/-en) 風邪 2級
    - ➕ erkälten 再 sich⁴ 風邪をひく 4級 (⇒4.16)
- ❏ **schützen** 他 保護 [防御、防衛] する、守る 3級
    - ➕ sich⁴ vor ③ schützen P 物³ から身を守る、防御する 3級
- ❏ **Mandarine** 女 (-/-n) ミカン 2級

39

C: **Weißt du, dass Karl der Große über viele Länder herrschte? Und weißt du auch, in welchem Jahrhundert er lebte?**

R: **Natürlich. Er wurde 742 geboren und starb 814.**

C: カール大帝が多くの国に君臨していたことを知ってる？ そして何世紀に生きていたかも知ってる？
R: もちろん。742 年に生まれて、814 年に亡くなったんだよ。

- ⓘ Karl der Große (カール大帝) はフランス語では Charlemagne (シャルルマーニュ)。800 年に西ローマ皇帝として戴冠。
- ❏ **herrschen** 自 〈über ④〉(人・所⁴ を)支配する、統治する；支配的である 3級
- ❏ **Jahrhundert** 中 (-s/-e) 百年、世紀 3級
- ❏ **geboren werden*** P 生まれる 5級
    - ⓘ 会話では、存命ならば sein を用いる。
    - ➕ Wo sind Sie geboren? P どこで生まれたんですか？
- ❏ **sterben*** 自 死ぬ 5級

Kapitel V

40

R: **Kannst du mir ein paar Tipps geben, wie man sich am besten auf Prüfungen vorbereitet?**

Studentin: **OK. Ich werde dir zeigen, welche Literatur ich vor den einzelnen Prüfungen durchgearbeitet habe.**

R: 試験の準備、どうしたら一番いいのか、アドバイスをいくつかくれないかな。
学生：OK。それぞれの試験前にどんな文献を読みこんだか教えてあげる。

- **Tipp** 男 (-s/-s) 秘訣、助言、アドバイス、ヒント 3級
- **Literatur** 女 (-/-en) 文献；文学 4級
    ! アクセントのある語末の -tur は、主に女性名詞を形成する（例外： das Abitur (高校卒業 [大学入学] 資格試験)）。
- **einzeln** 形 (複数名詞を修飾して) 個々の、各個の 4級
- **durch|arbeiten** 他 丹念に読む；コツコツとこなす 2級

41

R: **Wenn du eine Stelle in dieser Firma bekommst, hoffe ich, dass du den Stress aushältst.**

Studentin: **Ich halte durch. An so einem tollen Arbeitsplatz! Ich habe die Zusage nämlich der Stellung meines Onkels zu verdanken.**

R: この会社に就職できたら、ストレスに耐え抜いてほしいな。
学生：がんばるよ。それはすごい職場だからね！ それに内定もらったのは叔父さんの地位のおかげでもあるし。

- **Stress** 男 (-es/) ストレス 3級
- **aus|halten*** 他 我慢する、辛抱する 2級
    ⊕ **an|strengen** 再 sich⁴ 努力する、懸命に頑張る 他 緊張させる 3級 ⇒6.20
- **durch|halten*** 自 がんばる、がんばりとおす、耐え抜く 2級
- **Arbeitsplatz** 男 (-es/..plätze) 職場、務め先 3級
- **Zusage** 女 (-/-n) 約束；同意、承諾 2級
    ⊕ **zu|sagen** 自 承諾する、受諾する 2級 (⇒7.10)
    ⊕ **Absage** 女 (-/-n) 取り消し；キャンセル 2級

- **nämlich** 副 つまり；というのは 4級
- **Stellung** 女 (-/-en) 地位、身分；位置；姿勢 3級
- **verdanken** 他 (事⁴は人・事³の) おかげである 2級

42
C: Nach dem Mittagessen kann ich mich gar nicht richtig auf den Unterricht konzentrieren. Geht es dir auch so?
R: Natürlich! Vor allem, wenn ich zu viel gegessen habe.

C: 昼ご飯の後、授業にまったく集中できないの。あなたもそう？
R: もちろん。特に食べ過ぎたときはね。

- **konzentrieren** 他 集中させる、集める 再 sich⁴〈auf ④〉(事⁴に注意・努力を) 集中する 3級
  - ➕ Konzentration 女 (-/-en) 集中 2級
- **Es geht** ③ ... 📘 人³の具合 [様子、調子] は…である
  - ➕ Wie geht es dir? 📘 調子はどう？ 5級
- **vor allem** 📘 とりわけ、特に

43
Studentin: Ich habe meine Diplomarbeit bald geschafft. Und dann bin ich endlich frei!
R: Freu dich nicht zu früh! Du weißt nicht, wie sie dein Prof beurteilen wird.

学生：もうすぐ卒論が出来上がるよ。そうすれば私はやっと自由！
R: 喜ぶのは早すぎるよ。先生がどのように評価するかわからないからね。

- **Diplomarbeit** 女 (-/-en) 学位論文 2級
- **zu** 副〈形容詞・副詞を修飾して〉…過ぎる、あまりにも… 4級
- **beurteilen** 他 評価する、判定する、判断する 2級

Kapitel V

44

R: **Gibt es in eurer WG eine Regelung für den Küchendienst?**

Studentin: **Natürlich. Jeder muss sich an den Plan halten, wer in welcher Woche die Küche putzt.**

R: 君たちのシェアハウスでキッチン当番の規則はあるの？
学生：もちろん。誰がどの週にキッチンをきれいにするか、みんなが計画表を守らなければならないわ。

- ❏ **WG** 囡 (-/-s) シェアハウス (Wohngemeinschaft の略) 2級
- ❏ **Regelung** 囡 (-/-en) 規制；規定 2級
    - ➕ regeln 他 整理する、規制する；調整する；(事⁴ の) 片をつける 3級 (⇒5.37)
- ❏ **Küchendienst** 男 (-(e)s/-e) 台所 [炊事] 当番 2級
    - ➕ Dienst 男 (-(e)s/-e) 勤め、職務 2級
- ❏ **sich⁴ an ④ halten*** P 規則⁴ を守る、規則⁴ に従う 3級
- ❏ **Küche** 囡 (-/-n) 台所、キッチン 4級

45

A: **Warum reagierst du immer so positiv auf die Chefin?**
Kollege: **Sie ist doch sympatisch und charmant. Und ihre Vorschläge sind meist einleuchtend.**

A: なぜいつも女性の上司にそんなに肯定的に反応するの？
同僚：だって彼女は感じがよくて、チャーミングじゃないか。それに、彼女の提案はたいてい納得がいくものだからね。

- ❏ **reagieren** 自 〈auf ④〉(人・物⁴ に) 反応する、応える (英語 react) 3級
- ❏ **positiv** 形 肯定的な、積極的な 3級
    - ➕ negativ 形 否定的な、消極的な 3級
- ❏ **sympatisch** 形 感じの良い、好感の持てる 3級
- ❏ **charmant** 形 魅力ある、チャーミングな 2級
- ❏ **Vorschlag** 男 (-(e)s/..schläge) 提案 3級
    - ➕ einen Vorschlag machen P 提案する 3級
    - ➕ vor|schlagen* 他 提案する 3級

- [ ] **einleuchtend** 形 わかりやすい、納得がいく 2級
  - ein | leuchten 自 納得がいく 2級

46
A: **Was ist der Unterschied zwischen den verschiedenen Klimaanlagen?**
Verkäufer: **Bei dieser Anlage regelt eine Automatik die Temperatur und die Luftfeuchtigkeit. Bei den anderen nicht.**

A: いろいろなエアコンの違いは何ですか？
店員：このエアコンは自動で温度と湿度を制御します。他のエアコンはそうではありません。

- [ ] **Unterschied** 男 (-(e)s/-e) 相違、違い、差異；区別 4級
  - unterscheiden* 他〈④(von ③)〉(物⁴を(物³から)) 区別する、判別する 4級 (⇒4.41)
  - sich⁴ von ③ unterscheiden* 再 人・物³と区別される 4級
  - unterschiedlich 形 いろいろの、異なった、別の；変異[むら]のある 4級

- [ ] **Automatik** 女 (-/-en) 自動制御装置；自動調節（運転）2級
  - (!) 上の会話では、Automatik が主語。
  - Automat 男 (-en/-en) 弱 自動販売機 4級
  - automatisch 形 自動の、自動的な 3級 (⇒5.22)

- [ ] **Luftfeuchtigkeit** 女 (-/) 湿度；湿気 2級
  - Feuchtigkeit 女 (-/) 湿気；湿度 2級

Kapitel VI

(3級中心 ②)

1

R: Ich habe mir neulich den Finger verletzt. Nach einem Tag war die Hand dick und rot.

Studentin: **Ich hätte nicht gedacht, dass aus einer kleinen Verletzung so etwas Schlimmes entstehen kann.**

R: この間指を傷つけて、1日経ったら手が腫れて赤くなっちゃった。
学生：小さな傷からそんなにひどいことになるなんて、思いもよらなかった。

- [ ] **dick** 形 太い、厚い；腫れた 5級
- [ ] **Verletzung** 女 (-/-en) けが、負傷 3級
- [ ] **entstehen*** 自 ⓢ 生じる、発生する、起こる；(建物¹ が) 建てられる 3級

2

R: **Wie lange musst du nach der Operation in der Klinik bleiben?**

Studentin: **Ich weiß es nicht. Das hängt davon ab, wie schnell die Wunde heilt.**

R: 手術後にどれくらい病院にいなくてはいけないの？
学生：わからない。傷がどれくらい早く治るかによるね。

- [ ] **Klinik** 女 (-/-en) (特定の) 専門病院 2級
- [ ] **ab│hängen** 自〈von ③〉(物³) 次第である、(物³ に) よる；(物³ に) 依存する 3級
- [ ] **Wunde** 女 (-/-n) 傷、外傷、けが 3級
    - ➕ Verletzung 女 (-/-en) けが、負傷 3級 (⇒6.1)
- [ ] **heilen** 自 ⓢ 治る、癒える 2級

3

R: **Ich habe gehört, im Krieg wurde Dresden völlig zerstört.**
A: **Das stimmt, fast alles. Man hat die Häuser wieder im alten Stil aufgebaut.**

R: 戦争でドレスデンは完全に破壊された、と聞きました。
A: その通り、ほとんどすべてがね。住宅はまた昔の様式で再建されたのよ。

Kapitel VI

- **Krieg** 男 (-(e)s/-e) **戦争** 3級
  - ➕ im Krieg ℗ 戦時に、戦争中に
  - ➕ Frieden 男 (-s/-) 平和 2級
- **zerstören** 他 破壊する、粉々にする、粉砕する 3級
- **auf|bauen** 他 (壊れた物⁴を) 再建する、復興する 2級
- **Stil** 男 (-(e)s/-e) 様式、スタイル；方法、やり方 2級
  - ➕ im alten (gleichen) Stil ℗ 古い (同じ) スタイル [やり方] で

4

A: Ich hatte den Eindruck, dass diese Frau nicht zu Ryosuke passt.

B: Ja? Ich kann es nicht begründen. Aber ich hatte einen guten Eindruck von ihr.

A: この女性、亮介に合わない感じがしたわ。
B: そう？ その理由がわからないな。印象はよかったけど。

- **Eindruck** 男 (-(e)s/..drücke) 印象；(漠然とした) 感じ 3級
  - ➕ den Eindruck haben*, dass ... ℗ … という印象を受ける、感じがする
  - ➕ Ausdruck 男 (-(e)s/..drücke) 表現 2級
- **zu ③ passen** ℗ 物・人³に合う、似合う 4級
- **begründen** 他 (事⁴の) 理由 [根拠] を挙げる 3級

5

B: Hast du gehört, dass das 20-stöckige Kaufhaus im Zentrum genehmigt wurde?

C: Mist, wir haben doch dagegen demonstriert!

B: 町の中心で 20 階建てデパートの建設の許可が下りたって聞いた？
C: 何てこと。私たちが反対のデモをしたっていうのに。

- **stöckig** 形 …階の 2級
  - ⓘ 20-stöckig は zwanzigstöckig と読む。単語として読むと長いので、ein Gebäude mit 20 Stockwerken ともいう。

- **genehmigen** 他 (公式に書面で) 認可する、許可する、承認する 3級
- **Mist** 男 (-(e)s/)《口》くそ、何たること 2級
- **demonstrieren** 自〈gegen 4〉(事⁴に) 反対のデモをする 2級
  - ⊕ Demonstration 女 (-/-en) デモ 3級

6
A: Schrecklich, ich kann einfach mit dem Rauchen nicht aufhören!
R: Auch nicht, wenn es dir der Arzt verbietet?

A: なんてこと、タバコが止められない。
R: お医者様が禁止しても、ダメですか？

- **auf|hören** 自〈mit 3〉(事³を) やめる 4級
- **verbieten*** 他 (人³に事⁴を) 禁ずる、禁止する 3級
  - ⊕ Verbot 中 (-(e)s/-e) 禁止 3級
  - ⊕ verboten 形 禁じられた 2級

7
B: Ich habe den Wetterbericht verpasst. Wie wird das Wetter heute?
A: Der Wetterbericht meldet Schneefälle. Bitte fahr vorsichtig.

B: 天気予報を聞き逃したんだけど、今日の天気はどうかな？
A: 予報では雪よ。気をつけて運転してね。

- **verpassen** 他 逃す、逸する 3級
- ④ (bei) ③ **melden** P 事⁴を人・場所³に報告する、知らせる 3級
- **Schneefälle** 複 降雪 2級

Kapitel VI

8
A: **Schon lange vor Beginn der Olympiade wird in der Presse, im Rundfunk und im Fernsehen viel über Japan berichtet.**
R: **Ja, die Olympischen Spiele sind für uns das größte sportliche Ereignis.**

A: オリンピックが始まるずっと前から、新聞、ラジオ、テレビで日本のことがたくさん報道されているわね。
R: そうですね、オリンピックは私たちにとって最大のスポーツ・イベントですから。

- **die Olympiade** 女 (-/-n) オリンピック 2級
- **Presse** 女 (-/) 新聞・雑誌 3級
- **Rundfunk** 男 (-s/) ラジオ放送 3級
- **berichten** 自〈über 4 / von 3〉(事 4·3 について) 報じる、報告する 他 (人 3 に事 4 を公式に) 報告する 3級
    - ➕ Bericht 男 (-(e)s/-e) 報道、報告、レポート 3級
    - ➕ Nachrichten 複 ニュース 4級
- **die Olympischen Spiele** 複 オリンピック 2級
    - ➕ Gastgeberland 中 (-(e)s/..länder) ホスト国、主催国 2級
- **Ereignis** 中 (-ses/-se) 行事、催し、イベント 4級

9
B: **Ich habe beim Toto 80 Euro gewonnen. Schön, nicht?**
A: **Oh super! Da gehen wir etwas Leckeres essen. Ich möchte mal wieder zum Chinesen gehen.**

B: トトで 80 ユーロ当たったよ。いいだろ。
A: すごい！ なら、何かおいしいものを食べに行きましょう。またあの中華に行きたいな。

- **Toto** 中 男 (-s/-s) トト、サッカーくじ 2級
- **super** 形 《口》すばらしい 2級
    - ➕ Toll! / Prima! / Wunderbar! 述 すばらしい！ 4級

10

A: Nächsten Monat kommen die Wiener Philharmoniker nach Berlin. Ich würde gerne hingehen.

B: Dachte ich mir. Ich habe uns schon zwei Konzertkarten gesichert.

A: 来月、ウィーン・フィルがベルリンに来るわ。できれば行きたいな。
B: そう思ってたんだ。もう2枚、チケットを確保してあるよ。

- **Philharmoniker** 複 フィルハーモニー管弦楽団 2級
- **hin | gehen*** 自 ⑤ そこへ行く 2級
- **sich³ ④ denken*** P 事⁴を思い浮かべる、想像する 4級
  - ➕ Dachte ich mir. P そう思っていた。
- **Konzertkarte** 女 (-/-n) コンサート・チケット 2級
- **sichern** 他 ⟨③ ④⟩ (人³のために物⁴を)確保する；安全にする、守る 3級

11

A: Lass uns mal darüber sprechen, was wir Chris zu Weihnachten schenken. Sie wünscht sich ja einen 3D-Drucker.

B: Nein, daraus wird nichts. Du weißt doch, dass wir in diesem Jahr nicht so viel Geld für Geschenke ausgeben können.

A: クリスのクリスマス・プレゼントを何にするか、相談しましょう。3Dプリンターがほしいって言ってたわ。
B: ダメ、それは無理だな。今年はプレゼントにたくさんお金をかけることができないって知ってるじゃないか。

- ④ **zu Weihnachten [zum Geburtstag] schenken** P クリスマス[誕生日]に物⁴をプレゼントする
- **Drucker** 男 (-s/-) プリンター 2級
- **Daraus wird nichts.** P それは実現できない、見込みがない 3級
- **aus | geben*** 他 (お金⁴を)使う、支出する 3級

Kapitel VI

12

Chefin: **Niemand will heute diese dringende Arbeit übernehmen!**

B: **Kein Mensch macht freitags gern Überstunden. Schimpfen Sie nicht, ich organisiere das.**

上司：今日は誰もこの緊急の仕事を引き受けようとしてくれないのよ。
B: 誰も金曜日に好んで残業はしませんよ。ガミガミ言わないで、それは私が手配しますから。

- **übernehmen*** 他 引き受ける、引き取る 3級
- **freitags** 副 (毎週) 金曜日に 2級
- **Überstunden** 複 規定 [時間] 外労働時間、超過勤務、残業 3級
  - ➕ Überstunden machen P 残業する
- **schimpfen** 自 ガミガミ言う、怒る、叱る 3級
- **organisieren** 他 企画する、準備する、計画する 3級

13

A: **Kann ich dieses Kleid selbst waschen oder muss es in die Reinigung?**

Verkäufer: **Ich würde es reinigen lassen. Dann brauchen Sie nicht zu bügeln und es bleibt länger schön.**

A: このワンピースは自分で洗えますか、それともクリーニングに出さなければなりませんか？
店員：私ならクリーニングしてもらいます。そうすれば、アイロンをかける必要もないですし、より長くきれいなままですよ。

- **Kleid** 中 (-(e)s/-er) ワンピース、ドレス 5級
  - ➕ Kleidung 女 (-/) 衣服 (総称) 5級 (⇒6.23)
  - ➕ Kleidungsstück 中 (-(e)s/-e) (個々の) 衣服 5級
- **reinigen** 他 きれいにする、クリーニングする 3級
  - ➕ Reinigung 女 (-/-en) クリーニングの品；クリーニング店 2級 (⇒4.37)
  - ➕ rein 形 きれいな、澄んだ、清らかな、純粋な 3級
  - ➕ reinlich 形 きれいな、清潔な 2級
- **bügeln** 自他 アイロンをかける 3級
  - ➕ Bügeleisen 中 (-s/-) アイロン 2級

14

C: Hör dir diese CD an! Es lohnt sich!

B: Aber ich höre doch nur klassische Musik, diese Musik mag ich überhaupt nicht.

C: このCD、聴いてみてよ。聴く価値があるんだから。
B: でも僕はクラシックしか聴かないし、こういう音楽はまったく好きじゃないんだ。

- **an|hören** 他 〈sich³ ④〉 (物⁴ を) 聴く、(物⁴ に) 耳を傾ける 2級
- **CD** 女 (-/-s) CD 2級
- **lohnen** 再 sich⁴ する価値がある、報われる 他 報いる 3級
- **klassische Musik** 女 (-/) クラシック (音楽) 3級
  - ➕ Klassik 女 (-/) クラシック (音楽) 2級
  - ➕ Jazz 男 (-/) ジャズ 2級
  - ➕ Rock 男 (-(s)/) ロックミュージック 2級

15

R: In Europa gibt es noch Grenzen, die die Länder trennen, nicht wahr?

A: Ja, aber man kann fast durch die ganze EU fahren und auch Waren transportieren, ohne einen Pass zu zeigen.

R: ヨーロッパに国境はまだあることはあるんですよね？
A: ええ、でもパスポートを提示せずにほとんどEU全体を通行し、また物品も輸送することができるのよ。

- **Grenze** 女 (-/-n) 国境；境界 (線) 3級
- **trennen** 他 分ける、切り離す、隔てる 3級
- **EU** 女 (-/) 《略》**Europäische Union** ヨーロッパ連合 3級
- **transportieren** 他 輸送する、運搬する、運送する (英語 transport) 3級
- **Pass** 男 (-es/Pässe) パスポート、旅券 3級

Kapitel VI

16

A: Komisch, das Telefon hat aber nur zweimal geklingelt …

B: Ja, Ryosuke ist sofort zum Hörer gestürzt. Er wartet schon eine Stunde auf den Anruf aus Japan.

A: 変だわ、電話がたった 2 回しか鳴らなかったの…。
B: そう、亮介がすぐさま受話器に飛びついたんだよ。もう 1 時間も日本からの電話を待っていたからね。

- **zweimal** 副 2 度、2 回 4級
  ① 数字を使う場合は 2-mal と書く。
- **klingeln** 自 (電話・目覚ましなどが) 鳴る 3級
- **stürzen** 自 (S) 転倒する ; 突進する 3級
- **Anruf** 男 (-(e)s/-e) 電話、通話 4級
- **Hörer** 男 (-s/-) = Telefonhörer 受話器 ; 聞き手 (Hörerin 女 (-/-nen)) 2級

17

A: Wann bist du heute aufgewacht?

B: Erst um 8, als der Wecker geklingelt hat … Aber ich bin noch nicht richtig wach.

A: 今日何時に目が覚めたの？
B: 目覚まし時計が鳴って、やっと 8 時になってからだよ。でもまだはっきり目が覚めているわけでもないんだ。

- **auf|wachen** 自 (S) 目を覚ます、目が覚める、目覚める 3級
- **Wecker** 男 (-s/-) 目覚まし時計 2級
- **wach sein*** 形 目覚めている 3級
- **nicht richtig** P 完全に [本当に] … ではない

129

18

A: **Räum jetzt deine Sachen auf! Es ist schon spät. Du willst wohl heute gar nicht ins Bett gehen?**

D: **Ich möchte noch ein bisschen aufbleiben. Ich bin nicht müde.**

A: さあ、自分のものを片づけて。もう遅いわよ。今日は全然寝たくないの？
D: もう少し起きていたいんだよ。眠くないんだ。

- **auf|räumen** 他 片づける、きちんとする 3級
- **auf|bleiben*** 自 (S) 寝ないで起きている 2級
- **müde** 形 疲れた、眠い 5級
  - ⊕ schläfrig 形 眠そうな 2級

19

A: **Ist das Altersheim, in dem Ihre Mutter ist, sehr teuer?**

Nachbar: **Ja, ich finde schon. Aber sie muss gepflegt werden. Da sind die Preise gleich enorm hoch.**

A: お母様がいらっしゃる老人ホームはとても高いのですか？
隣人: はい、確かにそう思います。でも母は要介護なんです。それで一挙に費用が高くなるんですよ。

- **pflegen** 他 (人⁴ の) 世話をする；(髪⁴ などの) 手入れをする；《zu 不定詞句と》…する習慣である 3級
  - ⊕ Pflege 女 (-/) 介護、看護、看病；世話、ケア 2級 (⇒ 5.1)
  - ⊕ Pflegeversicherung 女 (-/-en) 介護保険 2級
- **Preis** 男 (-(e)s/-e) 値段、価格 4級
- **enorm** 副 《口》ものすごく、とてつもなく、ひどく 2級

20

A: **Vielen Dank, dass du dich um den Hund gekümmert hast. Du hast jetzt wirklich eine Pause verdient.**

R: **Ich musste mich ziemlich anstrengen, so schnell zu rennen wie der Hund!**

Kapitel VI

A: 犬の世話をしてくれて、ありがとう。今から本当に休んでもらっていいのよ。
R: 犬と同じ速さで走るのに頑張らなきゃならなかったです。

- **kümmern** 再 sich⁴ 〈um ④〉（人⁴ の）世話 [介護] をする、面倒を見る
  他 気にかける 3級
    - ⊕ bekümmern 他（人⁴ を）心配させる 2級
    - ⊕ Kummer 男 (-s/) 心痛、心配 2級

- **verdienen** 他（物⁴ を）受けるにふさわしい、（事⁴ に）値する 4級

- **an | strengen** 再 sich⁴ 努力する、懸命に頑張る 他 緊張させる 3級

21
A: **Pass bitte auf, wenn du im Schnee fährst.**
R: **Ja, ja. Ich schalte in den ersten Gang und fahre ganz langsam.**

A: 雪の中を走る時は、気を付けてね。
R: そうですね。1 速ギアにして、すごくゆっくり走ります。

- **schalten** 自 ギアを変える [入れる] 3級
- **Gang** 男 (-(e)s/Gänge) ギア 2級
    - ⊕ den Rückwärtsgang ein | legen 句 バックギアに入れる 2級

22
Freundin: **Kannst du bitte nach dem Essen das Geschirr abwaschen?**
R: **Mach du das bitte. Ich möchte lieber abtrocknen.**

ガールフレンド : 食事のあと、食器洗いをしてくれる？
R: それは君がやってよ。僕はふき取るほうがいいんだけど。

- **Geschirr** 中 (-(e)s/-e) 食器 4級
- **ab | waschen*** 他（食器⁴ を）洗ってきれいにする 自 食器を洗う 3級
    - ⊕ aus | waschen* 他（物⁴ を）洗ってきれいにする 3級
- **ab | trocknen** 他 ふき取る 3級

23

R: Was soll ich bei der Geburtstagsfeier anziehen? Lieber locker, so etwas wie ich jetzt anhabe, oder eher formal?

C: Egal, welche Kleidung. Hauptsache, du hast ein Geschenk!

R: 何を誕生日パーティーに着たらいいのかな。今着ているような、カジュアルな服のほうがいいかな、むしろフォーマルなのがいいかな？
C: どの服でも同じだよ。大切なのは、プレゼントがあるっていうこと！

- **Geburtstagsfeier** 女 (-/-n) 誕生日のお祝い（の会）2級
- **locker** 形 緩んだ、カジュアルな 2級
- **an｜haben*** 他 (衣類⁴を) 身に着けている、着ている 3級
  ① tragen* も同じ意味で用いられる。
- **formal** 形 フォーマルな 2級
- **egal** 形《口》どうでもいい、どちらでもいい 4級
- **Kleidung** 女 (-/) 衣服（総称）5級
  ➕ Kleid 中 (-(e)s/-er) ワンピース、ドレス 5級 (⇒6.13)
- **Hauptsache** 女 (-/-n) 要点、主要な事［点］、眼目 3級

24

A: Daniel ist auf der Straße mit seinem Fahrrad gestürzt, weil er zu schnell gefahren ist. Dabei hat er die neue Hose zerrissen.

B: Da bin ich aber froh, dass es nicht schlimmer abgelaufen ist.

A: ダニエルが道路で自転車に乗っていて、スピードの出し過ぎで転倒したのよ。その時、新しいズボンが破けたの。
B: それなら、もっとひどいことにならなくて、よかったよ。

- **zerreißen*** 他 引き裂く 2級
- **froh** 形 うれしい、ハッピーな 4級
- **ab｜laufen*** 自 ⓢ 進行する、経過する 2級

Kapitel VI

25
A: **Oh, was haben Sie denn gemacht?**
Nachbar: **Ich bin gestürzt und habe mir das Bein gebrochen.**

A: あら、いったいどうしたの？
隣人：転んで足を折っちゃった。

- **Bein** 中 (-(e)s/-e) 足 4級
  - ⊕ Oberschenkel 男 (-s/-) ふともも 2級
  - ⊕ Unterschenkel 男 (-s/-) すね 2級
  - ⊕ Knie 中 (-s/-) 膝 3級
  - ⊕ Wade 女 (-/-n) ふくらはぎ 2級
  - ⊕ Knöchel 男 (-s/-) くるぶし 2級

- **brechen*** 他〈sich³ ④〉(体の部分⁴ を) 折る 3級

26
A: **Sie haben Ihr Haus wirklich sehr schön eingerichtet. Ich bewundere das sehr! Die Möbel sind sehr schön.**
Bekannter: **Ja, aber das Haus allein macht nicht glücklich.**

A: お宅、家具調度は実にすばらしく揃っているのね。感心しちゃう。家具もすごくすてき。
知人：ええ、だけど、家だけで幸せになれるものではないからね。

- **ein|richten** 他 (家⁴ に) (移動可能な) 家具・設備を入れる 3級
  - ⊕ Einrichtung 女 (-/-en) 備え付け、設備、家具調度類 2級

- **bewundern** 他 (人⁴ に) 感心する、すばらしいと思う、敬服する、感嘆して驚く 2級

- **Möbel** 中 (-s/-)《主に複数で》家具、調度 4級
  - ⊕ Möbelstück 中 (-(e)s/-e) (個々の) 家具 2級
  - ⊕ möbliert 形 家具備え付けの 2級

27

R: **Ich habe gelesen, dass in Berlin vor Dieben gewarnt wird.**

A: **Ja, man muss aufpassen, dass nichts gestohlen wird. Aber es ist nur gefährlich, wenn man nachts in dunklen Ecken herumläuft …**

R: ベルリンでは泥棒に注意するように、というのを読んだんですが。
A: そう、何も盗まれないように気をつけないとね。でも、夜に暗い隅をぶらつく場合だけが危険なのよ。

- **Dieb** 男 (-(e)s/-e) 泥棒、盗人（Diebin 女 (-/-nen)）3級
- **warnen** 他（人⁴に事³に）気をつけるように警告[注意]する 3級
- **gefährlich** 形 危ない、危険な 4級
- **in dunklen Ecken** P 暗い隅で、危険な所で
    - ➕ Ecke 女 (-/-n) 一隅、地域、地区；かど；すみ 5級
- **herum│laufen*** 自 歩き回る、ぶらつく 2級

28

Studentin: **Wie oft rasierst du dich denn?**

R: **Zweimal pro Woche. Ich finde einen 3-Tage-Bart cool.**

学生：どれくらいの頻度でひげを剃るの？
R: 1週間に2回。3日間生やしたひげが、カッコいいと思うんだ。

- **rasieren** 再 sich⁴ 髭を剃る（英語 shave）3級
    - ➕ Rasierer 男 (-s/-) 電気カミソリ、シェーバー 2級
    - ➕ Rasiercreme 女 (-/-s, -n) シェービング・クリーム 2級
- **pro** 前 …につき、…ごとに 4級
    - ➕ zweimal wöchentlich P 週2回
- **cool** 形《口》最高の、いかす、好みの 3級

Kapitel VI

29

A: Hat sich die Freundin von Chris in der Schule verbessert?

D: Ehrlich gesagt : Sie ist sitzen geblieben und regt sich gar nicht darüber auf ... Sie hat wenig Lust zum Lernen. Aber sie sieht gut aus, oder?

A: クリスの友達、学校の成績は良くなったの？
D: 実を言うと、彼女、留年したのに何とも思ってないんだ…。勉強する意欲もないし。でも、彼女、ルックスはいいよね？

- **verbessern** 再 sich⁴ 良くなる、改善される、改良される 3級
  - ⊕ gut in der Schule sein* P 学校の成績がいい
- **ehrlich gesagt** P 正直に言うと 3級
  - ⓘ この種の「話し手の断り・コメント」に続く主文は、Ja / Nein に続く主文と同様に、語順に影響を及ぼさない。
  - ⊕ um die Wahrheit zu sagen P 実を言うと
- **sitzen bleiben*** 自 Ⓢ 留年する、落第する 3級
- **auf｜regen** 再 sich⁴ 〈über ④〉(事⁴に)心を乱す、取り乱す、気をもむ 3級
- **Lust** 女 (-/) 欲求 ; 意欲 4級

30

A: Herrn Schmidt ist ziemlich viel Geld gestohlen worden. Er hatte das Auto nicht abgeschlossen, aber die Brieftasche darin liegen lassen.

Kollege: Das Auto unverschlossen abzustellen, das ist aber auch sehr unvorsichtig!

A: シュミットさん、かなりたくさんのお金が盗まれたのよ。車に鍵をかけないで、財布をその中に置きっぱなしにしたから。
同僚：車をロックしないで駐車したなんて、それはまたえらく軽率だったね。

- **stehlen*** 他 (人³から物⁴を) 盗む 3級
  - ⊕ rauben 他 ((人³から) 物⁴を) 奪う 2級
- **Brieftasche** 女 (-/-n) (折りたたまない大型の) 財布、札入れ 3級
  - ⊕ Portemonnaie 中 (-s/-s) (折りたたんで小銭も入れられる) 財布 2級

- [ ] **liegen lassen*** 他 そのままにしておく、置き忘れる 3級
- [ ] **unverschlossen** 副 鍵をかけないで 2級
    - ➕ verschlossen sein* P (家・ドアなどが) 鍵で閉められている、鍵がかかっている 2級
- [ ] **unvorsichtig** 形 注意[用心]深くない 2級

31
A: **Wir müssen am Samstag gegen 8 Uhr losfahren, damit wir rechtzeitig an der Messe sind.**

Kollege: **Wir können uns mal den Bus-Fahrplan ausdrucken und anschauen.**

A: 時間内にメッセに着けるように、土曜の8時頃に出発しなくては。
同僚：ちょっとバスの時刻表をプリントアウトして、検討してみることもできるんじゃない。

- [ ] **los|fahren*** 自 (S) (乗り物で) 出発する、出かける 3級
- [ ] **damit** 接 …するために、…するように 4級
- [ ] **Messe** 女 (-/-n) (新製品の) メッセ、見本市 2級
    - ➕ Ausstellung 女 (-/-en) 展示会、博覧会、見本市 3級 (⇒4.5)
    - ➕ Veranstaltung 女 (-/-en) 催し 3級
- [ ] **Bus-Fahrplan** 男 (-(e)s/..pläne) バスの時刻表 3級
- [ ] **aus|drucken** 他 印刷する、打ち出す、プリントアウトする、アウトプットする 2級
    - ➕ Ausdruck 男 (-(e)s/-e) プリントアウト、アウトプット 3級
    - ➕ aus|drücken 他 表現する 2級
- [ ] **an|schauen** 他 ⟨sich³ 4⟩ じっと見る、じっくり見る、吟味する 3級

32
A: **Wir können gleich losfahren. Ich muss aber zuerst tanken.**

Kollege: **Ich zahle Ihnen selbstverständlich die Hälfte des Benzins! Sagen Sie mir dann bitte bei unserer Ankunft, wie viel es ist.**

Kapitel VI

A: すぐに出発することができるわね。でもまずガソリンを入れなくちゃ。
同僚 : 僕はもちろんガソリン代の半分を払いますよ。我々が到着したら、いくらなのか言って下さい。

- **tanken** 自 給油する、ガソリンを入れる 他 (燃料⁴などを) タンクに入れる、(車⁴に) 給油する 3級
  - ➕ Tankstelle 女 (-/-n)ガソリンスタンド (ドイツではセルフが主流) 3級
  - ➕ Volltanken, bitte! 句 満タンにして下さい。3級
- **selbstverständlich** 副 もちろん、当然のことながら 3級
- **Hälfte** 女 (-/-n) 半分、2分の1 5級
- **Ankunft** 女 (-/) 到着 4級
  - ➕ Abfahrt 女 (-/-en) 発車 4級

33
A: **Können Sie mir einen 100-Euro-Schein wechseln?**
Kollege: **Nein. Tut mir leid. So viel Geld habe ich nicht bei mir. Ich habe nur Kleingeld im Geldbeutel.**

A: 100ユーロ紙幣を崩してくれませんか？
同僚 : ダメ、残念だけど。そんなにたくさんお金を持ち合わせてないんだよ。財布には小銭しかないんだ。

- **Hunderteuroschein** 男 (-(e)s/-e) 100ユーロ紙幣 3級
  - ⓘ Hundert-Euro-Schein とも綴られる。数字を使う場合は 100-Euro-Schein としか綴られない。
- 4 **bei sich³ haben*** 句 物⁴を持ち合わせている 4級
- **Geldbeutel** 男 (-s/-) (折りたたんで小銭も入れられる) 財布 2級
  - ➕ Geldbörse 女 (-/-n) = Geldbeutel 3級
  - ➕ Portemonnaie 中 (-s/-s) = Geldbeutel 2級
  - ➕ Brieftasche 女 (-/-n) (折りたたまない大型の) 財布、札入れ 3級
  (⇒6.30)

34

A: **Ich nehme die Waschmaschine hier. Können Sie die bis Montag liefern?**

Verkäufer: **Natürlich, wir liefern schnell und preiswert. Am Samstag haben Sie die, die Gebühr beträgt 17,50 Euro.**

A: この洗濯機にします。月曜日までに配達してもらえますか？
店員：もちろんです、早くて手頃な価格でお届けいたします。土曜日にはお手元に届きます。料金は 17 ユーロ 50 セントになります。

- **Waschmaschine** 囡 (-/-n) 洗濯機 4級
- **liefern** 他 配達する、届ける、配送する 3級
  - ➕ Lieferung 囡 (-/-en) 配達、引き渡し 2級
- **Gebühr** 囡 (-/-en) 手数料、料金 4級
- **betragen*** 他 (金額・数量⁴ に) 達する、及ぶ、のぼる 3級

35

Chefin: **Die Pläne müssten eigentlich fertig sein. Sie lassen sich zu viel Zeit.**

B: **Ich weiß. Aber ich brauche die Zeit, ich kann nicht so hastig arbeiten.**

上司：その企画はとっくに終わっているべきなのに。時間のかけ過ぎよ。
B: わかってます。しかし、時間が必要ですし、そんなに慌てて仕事をすることはできません。

- **müsste*** 助 …しなければならないのだが；…している [する] はずなのだが；…に違いないだろう 3級
  - ⓘ müssen の接続法 II 式の形。
- ③ ④ **lassen*** 他 人³ に事⁴ を与えたままにしておく [任せる] 5級
  - ➕ sich³ Zeit lassen* 他 のんびりやる
  - ➕ viel Zeit in Anspruch nehmen* 他 (事¹ が) 時間をとる 3級
- **hastig** 形 大急ぎの、大慌ての 2級
- **arbeiten** 自 働く、仕事をする、勉強する 5級
  - ⓘ 働いている会社名は前置詞 bei で表現する。
  - ➕ Ich war früher bei X tätig. 他 以前、X 社で働いていました。

Kapitel VI

36

A: **Heute habe ich deinen Kollegen Schütz am Aufzug der Buchhandlung gesehen. Hatte er heute frei?**

B: **Er hatte sich entschuldigt, wegen einer starken Erkältung. — Mit wem war er dort?**

A: 今日、本屋のエレベーターで、あなたの同僚のシュッツさんを見かけたよ。今日は仕事はなかったの？
B: ひどい風邪で休むと言ってたけどね。彼、誰と一緒だったの？

- **Aufzug** 男 (-(e)s/..züge) エレベーター 3級
    - ⊕ den Aufzug nehmen* [benutzen] Ⓟ エレベーターに乗る[を利用する]
    - ⊕ Rolltreppe 女 (-/-n) エスカレーター 2級
- **frei haben*** Ⓟ 暇である、休みである 4級
- **entschuldigen** 他 欠席を届け出る；弁解する 3級

37

A: **Ich wundere mich, dass Ryosuke nicht häufiger abends weggeht …**

B: **Verstehe ich auch nicht, dass ihm Ausgehen keine Freude macht! Aber er versteckt sich ja nicht, er ist nur zurückhaltend.**

A: 亮介が、夜はそう頻繁には出かけないことが不思議よね。
B: 外出が楽しくないなんて、僕も理解できない。でも隠れているわけでもないし。ただ遠慮しているだけだよ。

- **weg｜gehen*** 自 (S) 立ち去る、出かける、《口》外出する 3級
    - ⊕ weg｜fahren* 自 (乗り物で) 走り去る 2級
    - ⊕ weg｜laufen* 自 (足で) 走り去る、逃げ去る 2級 (⇒2.13)
- **verstecken** 再 sich⁴ 隠れる、身を隠す 他 隠す 3級

38

B: **Hast du das gehört? Dein Ex ist bei deiner früheren besten Freundin eingezogen. Fühlst du dich dadurch nicht verletzt?**

Schwester: **Ein grausamer Mensch! Er sollte eigentlich wissen, wie sehr er mich damit kränkt.**

B: 聞いた？ きみの元亭主が、きみの昔の親友の家に引っ越したんだって。それは傷つくよね。
妹: ひどい人！ それで私をどれだけ傷つけるか、あいつはそもそもわかっているべきよ。

- **ein | ziehen*** 自Ⓢ 引っ越す；入城する 他 引いて入れる、中に入れる 3級
- **grausam** 形 残酷な 2級
- **kränken** 他 (人⁴の) 心を傷つける 2級

39

A: **Hast du den Antrag schon abgegeben?**
R: **Nein, noch nicht, aber bestimmt morgen.**
A: **Warum nicht schon heute?**

A: もう申込書を出したの？
R: いいえ、まだですが、でも明日にはきっと出しますよ。
A: どうして今日すぐじゃないの？

- **Antrag** 男 (-(e)s/..träge) 申込書 [用紙]、申請書 3級
  ➕ einen Antrag auf ④ stellen ℗ 事⁴ を申し込む、申請する、出願する
- **ab | geben*** 他 引き渡す、手渡す、提出する 3級
  ➕ Abgabe 女 (-/-n) 引き渡し、交付 2級

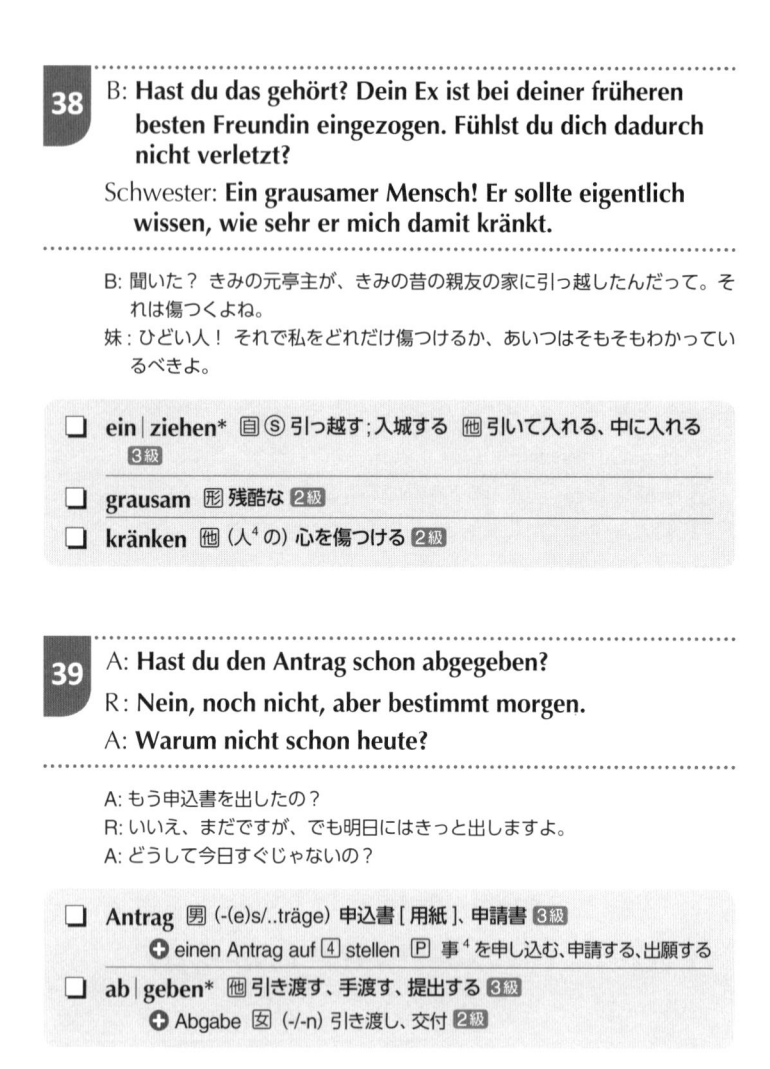

40

C: **Ich habe im Internet gelesen: „Der Mensch besteht zu 60 – 80% aus Wasser. Die Muskeln enthalten ca. 75% Wasser, das Blut 90 – 95 %."**
R: **Oh, so viel?**

Kapitel VI

C: インターネットで読んだんだけどね。「人間は60〜80%が水でできていて、筋肉は約75%、血は90〜95%の水を含む」。
R: へえ、そんなに多いの？

- **Prozent (%)** 田 (-(e)s/-e, 数詞のあとで -) パーセント 4級
    ① 60-80% は sechzig bis achtzig Prozent と読む。
- **Muskel** 男 (-s/-n) 筋肉 2級
- **enthalten*** 他 (物⁴ を) 含む、(物⁴ が) 入っている 3級
- **Blut** 田 (-(e)s/-e) 血、血液 4級

41

A: **Nach der Zeitung ist die Arbeitslosenquote in Japan um 1% gesunken.**
R: **Das ist eine gute Nachricht. Dann bekomme ich sicher auch eine Stelle nach dem Uniabschluss.**

A: 新聞によると、日本の失業率が1%低下したそうよ。
R: それはいいニュースです。それなら僕にもきっと大学卒業後に就職口がありますね。

- **Arbeitslosenquote** 女 (-/-n) 失業率 2級
- **sinken*** 自 ⓢ 沈む、下がる、減少する 3級
- **Uniabschluss** 男 (-es/..schlüsse)《口》大学卒業 2級

42

A: **In den Industriegebieten soll es fürchterlich nach Chemikalien stinken.**
R: **In Japan war es früher auch so. Glücklicherweise wurde das gestoppt.**

A: その工業地帯は化学薬品の悪臭がひどいそうね。
R: 日本も以前はそうでしたよ。幸い、もう収まりましたけど。

- **Industriegebiet** 田 (-(e)s/-e) 工業地帯 2級
- **fürchterlich** 副《口》ものすごく、恐ろしく 2級

- **nach ③ stinken*** ㋺ 物³のにおい [悪臭] がする 3級
  - ➕ **stinkig** 形 くさい、におう 2級
  - ➕ **riechen*** 自 〈nach ③〉 (物³の) においがする ; におう、気配がする ; においを嗅ぐ 4級 (⇒2.29)
- **Chemikalien** 複 化学製品、化学薬品 2級
- **stoppen** 他 止める、ストップさせる 3級

43

C: **Kannst du mir einen Stift leihen?**

R: **In deiner Tasche steckt doch ein Kugelschreiber. Hast du das nicht bemerkt?**

C: 鉛筆、貸してくれるかな？
R: 確かあなたの鞄にボールペンが差してあるはずです。気づかなかったんですか？

- **Stift** 男 (-(e)s/-e) 鉛筆 2級
- **stecken*** 自 差してある、刺さっている 3級
- **Kugelschreiber** 男 (-s/-) ボールペン 4級

44

A: **In Ihrem Garten gibt es ja unwahrscheinlich viele verschiedene Blumen.**

Nachbar: **Momentan blühen die Tulpen besonders schön.**

A: あなたの庭には信じられないくらいいろんな花がたくさんありますね。
隣人: 今はチューリップが特に見頃です。

- **unwahrscheinlich** 形 信じられない、ありそうもない 2級
- **momentan** 副 今のところ、目下、現在 3級
- **blühen** 自 咲く 3級
- **Tulpe** 女 (-/-n) チューリップ 2級

Kapitel VII

(2級中心)

1

R: **Einige Tippfehler habe ich beim Durchlesen schon gefunden.**

Studentin: **Die findet man immer. Soll ich deine Seminararbeit auch noch einmal durchlesen?**

R: 通読して、タイプミスをいくつか、もう見つけちゃったよ。
学生：そういうのはいつも見つかるものよ。ゼミのレポート、ちゃんともう一度通して読んであげようか？

- **Tippfehler** 男 (-s/-) 打ち間違い、タイプミス 2級
  ① 動詞 tippen (タイプする) は使われなくなった。
- **durch|lesen*** 他 読み通す、通読する 2級
- **Seminararbeit** 女 (-/-en) ゼミのレポート 2級
- **noch einmal** P もう一度 5級

2

Professorin: **Sie sprechen sehr gutes und fast akzentfreies Deutsch.**

R: **Es fällt mir schon schwer. Oft war ich auch nahe daran, den Mut zu verlieren, aber jetzt bin ich natürlich froh, durchgehalten zu haben.**

教授：あなたのドイツ語は上手だし、なまりもほとんどないですね。
R: はい、それはもう苦労しました。何度もくじけそうになりましたが、今となっては、頑張ったかいがあって、もちろんうれしいです。

- **akzentfrei** 形 なまりのない 2級
- **schwer|fallen*** 自 (S) (人³にとって) 難しい 2級
  ⊕ leicht|fallen* 自 (S) (人³にとって) 容易である 2級
- **nahe daran sein*, ...** 〈zu 不定詞〉 P …しそうである 2級
- **Mut** 男 (-(e)s/) 勇気 4級

Kapitel VII

3
Kollegin: **Ich bezweifle, dass es möglich ist, die neue Ware termingemäß auf den Markt zu bringen.**

B: **Der vorgesehene Termin muss unbedingt eingehalten werden.**

同僚：その新製品を期日通りに市場に投入できるかどうか、疑問よ。
B: 予定期日はどうしても守らなければならないんだ。

- **bezweifeln** 他 疑う、(…でないと) 思う 2級
- **termingemäß** 形 期日 [期限] 通りの、期日 [期限] 内の 2級
- **Markt** 男 (-(e)s/Märkte) 市場 3級
- **vor | sehen*** 他 予定する、計画する；規定する、定める 2級

4
Kollegin: **Wird sich die neue Ware auf dem Weltmarkt verkaufen?**

B: **Wenn wir die ersten sind, die dieses Produkt anbieten, werden wir die großen Aufträge erhalten.**

同僚：その新製品、世界市場で売れますかね？
B: この製品を最初に売り出すのが我々なら、大きな受注を得られるだろうね。

- **sich⁴ verkaufen** 再 売れる、(…の) 売れ行きである 4級
- **Auftrag** 男 (-(e)s/..träge) 依頼、仕事 3級
  - ⊕ **auf | tragen*** 他 (人³に事⁴を) 頼む、依頼する、お願いする 2級

5
Kollegin: **Die Reise nach Japan ist für unseren Kollegen Manz ja ein wirklich wichtiges Erlebnis gewesen. Er hat sehr eindrucksvoll über die Gastfreundschaft der Japaner gesprochen.**

B: **Er hat mir auch sehr ausführlich seine positiven Eindrücke geschildert.**

同僚：日本旅行は同僚のマンツさんにとって実に貴重な体験だったわね。日本人のおもてなしについてとても印象深く話してくれたの。
B: 私にも好印象をとても詳しく語ってくれたよ。

- **Erlebnis** 中 (-ses/-se) 体験 2級
  - ⊕ erleben 他 体験する 3級
- **eindrucksvoll** 形 印象深い 2級
  - ⊕ Eindruck 男 (-(e)s/..drücke) 印象；(漠然とした) 感じ 3級 (⇒6.4)
- **Gastfreundschaft** 女 (-/-en) おもてなし、ホスピタリティ 3級
  - ⊕ Gast 男 (-es/Gäste) 客、来訪者 4級
  - ⊕ Freundschaft 女 (-/-en) 友情、友人関係 3級
- **ausführlich** 形 詳しい 2級
- **schildern** 他 (特徴⁴などを生き生きと)述べる、説明する；描写する 2級

6

A: **Es soll im Sommer in Japan heiß und schwül sein.**
R: **Ja, und wie! Bei Temperaturen über 30 Grad bekommt man da schnell einen Hitzschlag.**

A: 日本の夏は暑くて蒸すそうね。
R: そんなもんじゃありません。30度以上の気温で、すぐにでも熱中症になりますよ。

- **schwül** 形 蒸し熱い 2級
- **... und wie!** 副 (強く肯定して) ものすごく、並大抵ではなく 3級
- **Temperatur** 女 (-/-en) 温度、気温、体温 2級
  - ⚠ 気温の度合いは複数形で表示する。
- **Hitzschlag** 男 (-(e)s/..schläge) 熱中症、熱射病 2級
  - ⊕ Hitze 女 (-/) 暑さ (← heiß) 4級

Kapitel VII

7

R: Gibt es viele Vegetarier in Deutschland?

A: Es gibt eine stark wachsende Zahl von Vegetariern. Sie wenden sich dagegen, dass Tiere für Lebensmittel getötet werden. Manche mögen auch einfach kein Fleisch und keinen Fisch.

R: ドイツにベジタリアンは多いですか？
A: ベジタリアンの数はとても増えているわ。彼らは、動物を食用に殺すことに反対しているの。単に肉や魚が好きでないという人もいるけど。

- **Vegetarier** 男 (-s/-) 菜食 (主義) 者、ベジタリアン (英語 vegetarian) 2級
- **wenden*** 再 sich⁴ 〈gegen ④〉 事⁴ に反対する、反論する 2級
  - ➕ Bitte wenden! P 裏返してください、裏面もご覧ください (略 : b.w.).
- **Lebensmittel** 複 食糧 4級
- **töten** 他 殺す 3級
  - ➕ ermorden 他 (人⁴ を) 殺す、殺害する 2級
  - ➕ Mörder 男 (-s/-) 殺人者、殺害者 2級
- **manche** 代 幾人かの人 5級

8

A: Bis wann schätzt du, wird diese Konjunkturflaute dauern?

B: Ich vermute, mindestens bis zum Ende dieses Jahres, nach herrschender Meinung vielleicht bis Sommer nächsten Jahres.

A: いつまでこの不況が続くと思う？
B: 少なくとも今年の終わりまで続くと思うけど、大方の意見によれば、来年の夏までかもしれない。

- **schätzen** 他 〈④ auf ④〉 (人・物⁴ を数量⁴ と) 見積もる ;《口》推測する、思う 2級
- **Konjunkturflaute** 女 (-/-n) 不景気、不況 2級
- **mindestens** 副 (数量に関して) 少なくとも 4級
  - ➕ höchstens 副 (数量に関して) 多くても、せいぜい 4級

9

A: **Du musst zugeben, dass ich mit meiner Kritik recht hatte!**

B: **Deine Vorwürfe sind durchaus berechtigt, das sehe ich ja ein. Du hättest es mir aber auch ein bisschen netter sagen können.**

A: 私が批判するのももっともだと認めざるをえないでしょ。
B: 君の非難はまったく正しいよ、その点は認めるよ。でも僕にもう少し優しい言い方もできたんじゃないの。

- [ ] **zu | geben*** 他 認める 2級
- [ ] **Kritik** 女 (-/-en) 批判、非難 3級
- [ ] **Vorwurf** 男 (-(e)s/..würfe) 非難、叱責 3級
  - ➕ vor | werfen* 他 非難する、責める 2級
- [ ] **durchaus** 副 完全に、まったく 2級
- [ ] **berechtigt** 形 資格[権利]が与えられている 2級
- [ ] **ein | sehen*** 他 悟る、分かる、納得する、認める；見通す、見渡す 2級

10

A: **Der Chef sagte mir heute, ich soll für einige Jahre in einer Abteilung in Köln arbeiten.**

B: **Da ist aber noch Vieles zu bedenken, bevor du zusagst.**

A: 上司から今日、数年間の予定でケルンにある部署で働いてほしいと言われたわ。
B: でも、そうならば、承諾する前によく考えるべきことがまだたくさんあるよ。

- [ ] **Abteilung** 女 (-/-en) 部 (門)、課、局 3級
  - ➕ die Hauptabteilung 部, die Abteilung 課, die Unterabteilung 係, die Gruppe 班
- [ ] **bedenken*** 他 よく考える、考慮する 2級
  - ➕ überlegen 他 (決めるために) よく考える、熟慮する 3級 (⇒2.46)
- [ ] **zu | sagen** 自 承諾する、受諾する 2級
  - ➕ Zusage 女 (-/-n) 約束；同意、承諾 2級 (⇒5.41)
  - ➕ ab | lehnen 他 断る；辞退する 3級
  - ➕ ab | sagen 他 取り消す、キャンセルする、断る 2級 (⇒7.21)

Kapitel VII

11
R: **Ich möchte Schachspielen lernen. Kannst du mir das nicht beibringen?**

A: **Gerne. Du begreifst das sicher schnell.**

R: チェスを習いたいんですが。教えてくれませんか？
A: いいわよ。あなたならきっとすぐ頭に入るわよ。

- **Schach** 中 (-s/-s) チェス 2級
- **bei|bringen*** 他 《③④》《口》(人³に事⁴を) 教える 2級
- **begreifen*** 他 把握する、理解する 2級

12
Nachbarin: **Neulich soll Frau Müller wegen ihres Mannes richtig böse und laut geworden sein. Dabei ist sie eine so nette Frau.**

B: **Da sollte man sich besser nicht einmischen.**

隣人：この間、ミュラーさんの奥さんがご主人のことで本当に怒って大声を出したらしいわよ。それでいて、奥さんはとてもいい人なのにね。
B: そういうときには口を挟まないほうがいいですよ。

- **richtig** 形 正しい；本当の 副 まったく、すごく、実に 5級
- **böse** 形 悪い；怒っている 4級
- **laut werden*** 自 怒って大声を上げる、どなりちらす
- **ein|mischen** 再 sich⁴ 口出しする、干渉する 2級

13
R: **Ich bewundere diesen Amateur-Pianisten. Es ist erstaunlich, wie er das schwierige a-Moll-Konzert gemeistert hat.**

A: **Ja, er gehört schon jetzt zu den ganz Großen in seinem Fach.**

R: このアマチュアのピアニストはすごいと思います。難しいイ短調のコンチェルトをマスターしてるのには驚きです。

A: そうね、今やもうこの分野の巨匠の一人よね。

- **Amateur** 男 (-s/-e) 倒 アマチュア、素人、愛好家 2級
    - ➕ Profi 男 (-s/-s) プロ 3級
- **Pianist** 男 (-en/-en) 倒 ピアニスト (Pianistin 女 (-/-nen)) 2級
- **Moll** 中 (-/) 短調 2級
    - ⓘ ドイツ語では一般に短調を小文字で、長調を大文字で表し、a-Moll（イ短調）、A-Dur（イ長調）となる。
- **meistern** 他 (技術⁴などを) マスターする、身につける 2級
    - ➕ Meister 男 (-s/-) マイスター、親方；名人 5級
    - ➕ beherrschen 他 支配する；コントロールする；マスターする 2級
- **gehören** 自 属する；⟨zu ③⟩ (物³の) 一部 [一つ] である 4級
- **Große(r)** 《形容詞の名詞化》偉大な人、巨匠 2級
- **Fach** 中 (-(e)s/Fächer) 専門分野 3級

14

R: Ich war total begeistert, wie Deutschland die Weltmeisterschaft 2014 gewonnen hat.

C: Und ob! Ich war besonders begeistert vom Torwart! Es war ein Erlebnis, das Finale live miterleben zu können.

R: 2014年のワールドカップでドイツが優勝したのにはメチャクチャ感激したよ。

C: 感激したなんてもんじゃなかったわ。私は特にゴールキーパーに感動。決勝戦を生中継で観戦できたのは、すばらしい体験だった。

- **von ③ begeistert sein*** P 物³に感激している、熱狂している、心酔している 3級
    - ⓘ 前置詞が an の場合はその時点での、über の場合は持続的な感激の対象を示す。
    - ➕ Begeisterung 女 (-/) 感激、熱狂 2級
- **Weltmeisterschaft** 女 (-/-en) 世界選手権、ワールドカップ 2級
- **Und ob!** P (事実を強く肯定して) それどころじゃないですよ、そんなもんじゃなかったよ 4級
- **Finale** 中 (-s/-, Finals) 決勝戦、ファイナル 2級

Kapitel VII

- **live** 副 実況中継で、生中継で; ライブで 3級
- **mit｜erleben** 他 (事⁴ を) 共に体験する、(事⁴ に) 居合わせる 2級

15

R: Als wir einmal ein großes Erdbeben hatten, sind viele Leute ums Leben gekommen. Unter den Opfern der Katastrophe war auch ein Bruder meiner Mutter. Sie trauerte sehr um ihn.

A: Deine Mutter hat mein ganzes Mitgefühl.

R: かつて我が国で大きな地震があったとき、多くの方が亡くなりました。その災害の犠牲者の中に母の兄もいました。母はとても悲しんでいました。
A: お母様には心からお悔やみを申し上げます。

- **Erdbeben** 中 (-s/-) 地震 3級
- **ums Leben kommen*** P 命をなくす 2級
- **Opfer** 中 (-s/-) 犠牲者; 犠牲 3級
- **Katastrophe** 女 (-/-n) 大災害、大惨事 3級
- **trauern** 自 〈um [über]⁴〉 (人⁴ の死 [事⁴] を) 嘆き悲しむ、哀悼する 2級
  - ➕ Trauer 女 (-/) 悲しみ (プロセス) 3級
  - ➕ Traurigkeit 女 (-/) 悲しみ (状態) 2級
  - ➕ traurig 形 悲しんでいる 4級
- **Mitgefühl** 中 (-(e)s/) 同情、思いやり 2級

16

A: In meinem Garten gedeiht dieses Jahr das Obst wunderbar. Bald kann man die ersten Erdbeeren pflücken.

R: Das habe ich noch nie gemacht …

A: 私の菜園で今年は果物がすばらしくよく育ってるの。もうすぐ最初のイチゴを摘むことができるわ。
R: そんなこと、まだ一度もやったことがありませんけど…

- **gedeihen*** 自 (S) すくすくと育つ 2級

- **wunderbar** 形 驚くべき；すばらしい 副 とても 4級
- **Erdbeere** 女 (-/-n) イチゴ 2級
    - ➕ Heidelbeere 女 (-/-n) ブルーベリー 2級 / Himbeere 女 (-/-n) ラズベリー 2級 / Brombeere 女 (-/-n) ブラックベリー 2級 / Moosbeere 女 (-/-n) クランベリー 2級
- **pflücken** 他 摘み取る、摘む、もぐ 2級
- **noch nie** P まだ[これまで]一度も…ない 4級

17

A: **Ich habe Husten. Haben Sie ein Medikament, das schnell wirkt?**

Apotheker: **Diese Tropfen wirken sehr schnell und langanhaltend. Sie sind auch nicht teuer.**

A: 咳が出るんです。すぐ効く薬はありますか？
薬剤師：この滴薬はとても早く効きますし、効果も長いですよ。高くもないですし。

- **Husten** 男 (-s/) 咳 2級
    - ➕ husten 自 咳をする 3級
- **Medikament** 中 (-(e)s/-e) 薬、薬剤、医薬品 3級
- **wirken** 自 作用する、効く、効果がある 2級
- **Tropfen** 男 (-s/-) しずく；(複) 滴薬、滴剤 4級
- **langanhaltend, lang anhaltend** 形 長く続く、持続する
    - ➕ an|halten* 他 止める 自 止まる；持続する 2級

18

A: **Ich kann es einfach nicht glauben, dass Ihr Vater so plötzlich gestorben ist. Er war doch nie krank.**

Nachbar: **Ja, sein Tod hat uns alle völlig schockiert.**

A: お父様がこんなに急にお亡くなりになるなんて、どうしても信じられないわ。一度も病気になったことがなかったのに。
隣人：ええ、父の死は我々みんなにとってひどいショックでした。

Kapitel VII

- ❏ **plötzlich** 副 突然 (に)、不意に 4級
- ❏ **Tod** 男 (-(e)s/-e) 死 3級
    - ➕ tot 形 死んだ 5級
    - ➕ sterben* 自 死ぬ 5級 (⇒5.39)
    - ➕ tödlich 形 致命的な 3級
    - ➕ sterblich 形 死ぬべき、死ぬ運命にある 2級
- ❏ **schockieren** 他 (人⁴ に) ショックを与える 2級
    - ➕ Das war ein Schock. P それはショックでした。 2級

19
R: **Nach dem Abitur habe ich in Tokyo studiert. Zuerst habe ich mich darüber gefreut, in einer so großen Stadt alleine zu leben. Aber dann vermisste ich meine Eltern sehr.**

A: **Hattest du etwa Heimweh?**

R: 大学入学資格試験の後、東京の大学で勉強しました。初めは大都会で一人で暮らすのがうれしかったんです。でもその後、両親がとても恋しくなりました。
A: もしかして、ホームシックだったの？

- ❏ **Abitur** 中 (-s/-e) アビトゥーア、高校卒業 [大学入学] 資格試験 3級
    - ➕ Abitur machen P アビトゥーアを受ける
    - ⓘ Kultur のようにアクセントのある語末の -tur は主に女性名詞であるが、Abitur は例外。
- ❏ **vermissen** 他 (人⁴ が) いなくて寂しい; (物・人⁴ が) いないことに気付く 2級
- ❏ **etwa** 副 まさか、もしや、よもや 4級
- ❏ **Heimweh** 中 (-s/) ホームシック 3級

20
B: **Völlig auf den Urlaub zu verzichten, fällt mir wirklich schwer.**

A: **Ich weiß, dass das keine gute Lösung ist. Aber es wird uns wohl nichts anderes übrig bleiben.**

B: 休暇をすっかりあきらめるなんて、僕には本当につらいよ。
A: それが良い解決策ではないとわかってはいるけど、私たち、ほかにどうしようもないでしょう。

- **verzichten** 圓 〈auf ④〉放棄する、断念する 3級
- **Lösung** 囡 (-/-en) 解決(策) 3級
  - ✚ lösen 他 (問題⁴などを)解く；外す、緩める 4級 (⇒3.13)
- ③ **übrig bleiben*** P 人³にとって可能性が残っている 2級
  - ✚ Es bleibt ③ nichts anderes übrig, als ... P 人³にとって…（する）よりほかしかたがない。

21

A: **Warum bist du denn böse? Habe ich dich etwa unabsichtlich gekränkt?**
B: **Ich bin sauer, dass du die Party so kurzfristig abgesagt hast.**

A: ねえ、どうして怒ってるの？ 何か知らないうちにあなたの気持ちを傷つけちゃったのかな？
B: 僕が腹を立ててるのは、君がパーティーをドタキャンしたからだろ。

- **unabsichtlich** 形 故意でない、ついうっかりした 2級
  - ✚ ④ unabsichtlich kränken P 気付かずに人⁴の気持ちをそこねる
- **kurzfristig** 形 突然の、急な、いきなりの、直前の 2級
- **ab｜sagen** 他 取り消す、キャンセルする、断る 2級
  - ✚ Absage 囡 (-/-n) 取り消し、キャンセル 2級

22

Freundin: **Nimmst du Milch in den Kaffee?**
R: **Du weißt doch, ich vertrage keine Milch.**
Freundin: **Stimmt, du hast eine Allergie. Da kann auch ein bisschen Milch schon schaden …**

ガールフレンド：コーヒーにミルクを入れる？
R: 僕はミルクがダメだって知ってるでしょ。
ガールフレンド：そう、アレルギーがあるのよね。少しのミルクでも確かに毒

Kapitel VII

になるかもしれないし…。

- **vertragen*** 他 受けつける、(飲食物⁴ が) 体質に合う；耐える、耐えられる 2級
- **Stimmt.** P その通りです。(= Das stimmt.)
- **Allergie** 女 (-/..gien) アレルギー 2級

23

R: **Professor Sommer hält heute einen Vortrag. Alle Erstsemester müssen daran teilnehmen. Gehst du auch hin?**

Studentin: **Nein, ich boykottiere ihn. Seine Vorträge langweilen mich.**

R: 今日ゾマー教授のレクチャーがあるんだけど、新入生全員が出席しなくてはいけないんだよ。君も行く？
学生：ううん、それはボイコットするよ。彼の講演は退屈なんだもん。

- **Vortrag** 男 (-(e)s/..träge) 講演、レクチャー 3級
    - ➕ einen Vortrag halten* P 講演する
    - ➕ zum Vortrag gehen* P 講演に行く 3級
- **Erstsemester** 中 (-s/-) (大学第一学期の在学中の) 新入生 2級
- **boykottieren** 他 ボイコットする 2級
- **langweilen** 他 退屈させる 2級
    - ➕ langweilig 形 退屈な 4級

24

R: **Oh, schon so spät! Es wird langsam Zeit. Ich muss mich verabschieden. Vielen Dank für alles!**

Studentin: **Ja, du solltest dich auf den Weg machen. Ich begleite dich zum Bus.**

R: わあ、もうこんなに遅い時間だ。そろそろ時間だね。おいとましなければ。いろいろありがとう。
学生：うん。腰を上げた方がいいね。バス停まで送っていくね。

- **Es wird langsam Zeit.** ℗ そろそろ時間だ。
- **sich⁴ auf den Weg machen** ℗ 出発する 3級
- **begleiten** 他 (人⁴ に) 同行する、付き添う、エスコートする 2級

25

R: **Ist das Peter? Der Mann dort in dem eleganten Anzug? Das glaube ich nicht.**

Studentin: **Doch, er ist es. Ich erkenne ihn auch fast nicht wieder!**

R: あれ、ペーター？ エレガントな服を着たあの男の人？ 信じられない。
学生：いやいや、彼よ。私も彼とはほとんどわからなかったくらい。

- **dort** 副 あの向こう（側）に 4級
- **elegant** 形 エレガントな 2級
- **Er ist es.** ℗ それは彼です。 5級
  - ➕ Ich bin's. ℗ （電話などで）僕だけど、私よ。
- **wieder│erkennen*** 他 （既知の人・物⁴ を）認める；再認識する 2級
  - ➕ erkennen* 他 認識する、識別する、（人⁴ が）誰であるかわかる 3級

26

R: **Ist das hier der gesuchte Campingplatz? Wollen wir hier zelten?**

Studentin: **Nein, hier ist es nicht gestattet.**

R: ここが探していたキャンプ場？ ここでテントを張らない？
学生：ダメだよ。ここでは許されてないの。

- **Campingplatz** 男 (-es/..plätze) キャンプ場 2級
  - ➕ Camping 中 (-s/) キャンプ 2級
- **zelten** 自 テントに泊まる 2級
- **gestatten** 他 許す 2級
  - ⚠ 主に状態受動の否定形で用いられる。
  - ➕ erlauben 他 許す 3級

Kapitel VII

27

Studentin: **Einige Studenten stören dauernd den Unterricht, sie reden laut miteinander oder kommen zu spät.**

R: **Einige surfen im Unterricht auch im Internet. Hoffentlich lernen sie trotzdem etwas.**

学生：ずっと授業の邪魔をする学生がいるのよ。授業中に大声で話をしたり、遅刻して来たりして。
R: 授業中にネットサーフィンをしてる学生だっているよ。それも何かの勉強になってればいいけどね。

- **dauernd** 副 ずっと、絶え間なく、絶えず；持続的に、しょっちゅう 3級
- **miteinander** 副 一緒に、共に 4級
- **surfen** 自 サーフィンをする 2級
- **trotzdem** 副 それにもかかわらず 4級

28

A: **Kommen Sie am Sonntag mit in das Mittagskonzert der Philharmoniker? Ich gehe mit zwei Freundinnen.**

Kollege: **Ich kann nächsten Sonntag leider nicht, weil ich zu der Jubiläumsfeier zum 10-jährigen Bestehen unseres Instituts eingeladen bin.**

A: 日曜日、一緒にオーケストラのマチネーコンサートに行かない？ 友達２人と一緒なんだけど。
同僚：うちの研究所の設立10周年記念式典に招待されているから、次の日曜日は残念だけどダメだよ。

- **Mittagskonzert** 中 (-(e)s/-e) 昼のコンサート 2級
- **Institut** 中 (-(e)s/-e) 機関、研究所 3級
- **Jubiläumsfeier** 女 (-/-n) 記念祭、記念式典 2級
- **Bestehen** 中 (-s/) 存在、存立、存続 2級
    - ✚ das zehnjährige Bestehen feiern 句 創立10年を祝う 2級

157

29

A: **Du schluckst so oft Tabletten.**

Kollege: **Das ist diese Pollenallergie. Ohne Tabletten komme ich im Frühjahr gar nicht mehr aus. Anfangs genügte täglich eine Tablette. Jetzt nehme ich täglich schon zwei.**

A: ずいぶん頻繁に錠剤を飲んでるのね。
同僚：花粉症なんだ。春はもう錠剤なしではやっていけないんだ。初めは1日1錠で充分だったけど、今は日に2錠も飲んでる。

- **schlucken** 他 飲み込む 2級
- **Pollenallergie** 女 (-/..gien) 花粉症 2級
  - ➕ Ich bin gegen Pollen allergisch. P 私は花粉症です。 2級
- **aus｜kommen*** 自 (S) 済ます、間に合わせる、何とかやっていく 2級
- **anfangs** 副 初めに、最初に 3級
  - ➕ am Anfang P 初めに、最初に 4級

30

R: **Die Uhr nehme ich. Können Sie die bitte als Geschenk verpacken? Und ich hätte gerne noch eine „Tax free"-Bescheinigung.**

Verkäuferin: **Gerne. Übrigens, die Garantie dauert ein Jahr.**

R: この時計にします。プレゼント用に包装してもらえますか？ それと免税書類がほしいのですが。
店員：はい。なお、保証期間は1年です。

- **verpacken** 他 包装する、荷造りする 3級
- **"Tax free"-Bescheinigung** 女 (-/-en) 免税書類 2級
  - ❗ 小売店で免税書類を発行してもらい、出国の際に空港で手続きをすると付加価値税が戻ってくる。
  - ➕ Bescheinigung 女 (-/-en) 証明（書）2級
- **Garantie** 女 (-/-n) 保証；保証期間 3級

Kapitel VII

31
A: **Herr Schmidt hat sich einen neuen Mercedes gekauft.**
Kollege: **Da bin ich aber neidisch. Einen Mercedes kann ich mir nicht leisten.**

A: シュミットさん、ベンツの新車買ったのよ。
同僚：それは実にうらやましいかぎりだな。ベンツなんて買う余裕はないもの。

- **Mercedes** 男 (-/-) ベンツ 2級
    - ⓘ ドイツでは車種名は Mercedes を用いるが、Mercedes-Benz が登録商標である。会社名は Daimler. なお Mercedes は女性名である。
    - ⓘ 自動車は男性名詞として扱う。
- **neidisch** 形 うらやむ、嫉妬している、ねたんでいる 2級
- **sich³ ④ nicht leisten können*** P 事⁴をする[物⁴を買う]経済的余裕がない 2級

32
A: **Ich finde die Unterlagen für die Präsentation im Anhang nicht. Hast du sie mir wirklich geschickt?**
Kollege: **Ja, ich habe sie dir angehängt. Hast du ganz unten nachgeschaut?**

A: プレゼン用の添付資料が見つからないんだけど。本当に送ってくれた？
同僚：ああ、添付したよ。一番下をチェックした？

- **Unterlagen** 複 資料、書類 2級
- **Präsentation** 女 (-/-en) プレゼンテーション 3級
- **an│hängen** 他 〈④ (an ④)〉((物⁴に) 物⁴を) 添付する；付け加える、添える 2級
    - ⊕ eine Datei an die E-Mail an│hängen P ファイルをメールに添付する 2級

33
R: Ich kaufe noch kurz einen Fahrschein. Wenn man beim Schwarzfahren erwischt wird, muss man wahnsinnig hohe Strafen bezahlen!
C: Besser. Man sollte nicht schwarzfahren.

R: これからちょっと乗車券を買ってくる。無賃乗車で捕まると、ものすごく高い罰金まで払わなければならないから。
C: その方がいいよ。不正乗車はすべきではないから。

- **Fahrschein** 男 (-(e)s/-e) 乗車券、切符 2級
- **schwarz｜fahren*** 自⑤ 無賃[不正]乗車する 2級
- **erwischen** 他《口》(追いかけて) 捕まえる 2級
- **wahnsinnig** 副《口》ものすごく、ひどく 3級

34
C: Hast du die Datei im Anhang der Mail oder ist sie auf dem USB-Stick gespeichert?
R: Auf dem Stick. Das File mit dem Namen XX.

C: そのデータはメールに添付した？それとも USB メモリに保存したの？
R: USB にある。XX というファイル名だよ。

- **Datei** 女 (-/-en) (データ) ファイル 3級
  - ➕ Daten 複 データ 3級
- **Anhang** 男 (-(e)s/..hänge) 添付 2級
- **Mail** 女 (-/-s) メール 3級
- **USB-Stick** 男 (-s/-s) **USB**メモリ 2級
  - ➕ auf dem USB-Stick 句 USBメモリに
- **speichern** 他 (記憶装置に) 保存する 3級
- **File** 中男 (-s/-s) (データ) ファイル 2級

Kapitel VII

35

C: **Mein Smartphone scheint kaputt zu sein.**

B: **Der Akku ist vielleicht leer. Hier ist das Kabel zum Laden.**

C: 私のスマホが壊れたみたい。
B: バッテリーが切れてるのかも。ここに充電用のケーブルがあるよ。

- **Akku** 男 (-s/-s) 蓄電池、バッテリー 2級
  ① der Akkumulator の略。
- **leer** 形 空の 5級
- **Kabel** 中 (-s/-) ケーブル 3級
- **laden*** 他 充電する 2級
  ➕ auf | laden* 他 充電する 2級

36

R: **Ich möchte diese App herunterladen. Kannst du mir helfen?**

C: **Hast du das Passwort?**

R: このアプリをダウンロードしたいんだけど。手伝ってくれない？
C: パスワード、知ってるの？

- **App** 女 (-/-s) アプリ 2級
  ① die Applikation の略。
- **herunter | laden*** 他 ダウンロードする 2級
  ① 英語を用いて downloaden とも言う。
  ➕ hoch | laden*, uploaden 他 アップロードする 2級
- **Passwort** 中 (-(e)s/..wörter) パスワード 2級

37

A: **Ich muss mit meinem Tablet dringend ins Internet. Ist das WiFi im Hotel gratis?**

Hotelangestellter: **Aber selbstverständlich. In der Lobby und auch im Zimmer.**

161

A: タブレットを急いでインターネットに接続しなくてはならないんだけど、ホテルの Wi-Fi は無料ですか。
ホテル従業員：もちろんです。ロビー、それにお部屋でも使えます。

- **ins Internet müssen*** P **インターネットに接続しなくてはならない** 3級
- **Tablet** 田 (-s/-s) **タブレット** 2級
  - ➕ Tablet-PC 男 (-(s)/-(s)) タブレット PC 2級
- **WiFi** 田 (-(s)/-s) **Wi-Fi** 2級
  - ➕ WLAN 田 (-(s)/-s) 無線 LAN 2級
  - ⚠ ドイツでも Wi-Fi を WLAN の意味で用いてしまうことがあるが、厳密には無線 LAN の規格のひとつ。
  - ➕ Ist hier das WLAN kostenlos？ P ここの無線 LAN は無料ですか？
- **gratis** 形 **無料の、ただの** 3級
  - ➕ kostenlos 形 無料の、ただの 3級
- **Lobby** 女 (-/-s, Lobbies) **ロビー** 2級

付録

ドイツ語の心態詞
ドイツ語索引

ドイツ語の心態詞

普通 aber は逆接の接続詞ですが、"Aber natürlich!" と言った場合は、「しかし、もちろんだ！」ではなく、「もちろんだとも！」などと訳されます。aber が natürlich を強調したい話し手の気持ちを表しているからです。

このように、ある単語が心態詞 (Abtönungspartikel, Modalpartikel) として用いられる場合、その副詞や接続詞の語義とは違った意味合いに見えることもあって誤解しやすく、訳語を対応させただけでは理解しきれない場合もあります。

しかし、ドイツ語のコミュニケーションでは、相手の気持ちや発言の意図が、心態詞によって把握できるのも事実です。

心態詞は、日本語に翻訳することが難しいので、適切に使われたシチュエーションに数多く接することによって覚える必要があります。以下で、代表的なものの使い方を本書のダイアローグ（矢印の参照先）によって確認してみましょう。なお、心態詞は通例アクセントがありません。

aber

● 平叙文で、期待に反することに対して不満・不快であるという話者の気持ちを表す。
　　Komisch, das Telefon hat aber nur zweimal geklingelt ...　→ 6_16

● 感嘆文で「驚き」の気持ちを表し、「実に、本当に」などと訳出されることもある。
　　Da bin ich aber neidisch.　→ 7_31

● ja, nein, doch などの意味を強調する。
　　Aber nein, gewöhnlich geht er zeitig ins Bett.　→ 1_17

denn

① 補足疑問文（疑問詞のある疑問文）で：
● 親しみを込めていること、あるいは関心があることを示すのに用いる。「問いかけに答えてほしい」というメッセージを送っている。
　　Nun, was fehlt Ihnen denn?　→ 3_8
　　Isst du denn noch mehr?　→ 1_6

● 質問の調子を和らげるために用いる。場合によっては軽い驚きの気持ち

も含み、「ねえ」などと訳出されることもある。
　　　　Was ist denn los mit dir?　→ 1_4

● 「驚き、いらだち、不快、非難」などの気持ちを表し、「いったい（ぜんたい）」などと訳出されることもある。
　　　　Was sagen Sie denn zu diesem Wetter?　→ 1_19
　　　　Warum isst du denn immer alles auf?　→ 2_27

② 決定疑問文（疑問詞のない疑問文）で：
● 「驚き」の気持ちを表す。
　　　　Geht Daniel denn immer so spät schlafen?　→ 1_17

● 根本的な疑問を表し、「そもそも」などと訳出されることもある。
　　　　Weißt du denn, wofür man lernt?　→ 1_7

doch

● 平叙文で、先行する内容に対して「不満・不快」を表明して、「…なのに」などと訳出されることもある。
　　　　Heute haben wir doch den Test in Englisch.　→ 2_18

● 平叙文で、「釈然としない気持ち」を表し、「…なのに」などと訳出されることもある。
　　　　Mist, wir haben doch dagegen demonstriert!　→ 6_5

● 平叙文で「想起・同意」を促し、「…じゃないか、…でしょ」などと訳出されることもある。
　　　　Du weißt doch, dass wir in diesem Jahr nicht so viel Geld für Geschenke ausgeben können.　→ 6_11

● 平叙文で、聞き手に理由を気づいてもらいたい時に用いる。
　　　　Natürlich, das ist doch sehr einfach.　→ 4_51

● 平叙文で、予想される反論に対して理由があることを強調し、「だって…なのだから」などと訳出されることもある。
　　　　Aber ich höre doch nur klassische Musik, diese Musik mag ich überhaupt nicht.　→ 6_14

● 命令文で、要求の実現を強く求めていることを表し、「ぜひ、どうか」などと訳出されることもある。
　　　　Sprich doch mal mit ihm!　→ 2_24

Machen Sie doch mit in unserem Kochkurs! → 2_31

eben

● 平叙文・命令文で「変更できないという諦め」の気持ちを表し、「ほかにどうしようもない、仕方がない」という気持ちを表す。
Das ist eben ihr Geschmack. → 4_4

eigentlich

● 決定疑問文で、話題の中心を移す時に用いられ、「それで、そういえば、ところで」などと訳出されることもある。
Kennst du eigentlich meinen Sohn? → 3_3

● 補足疑問文（疑問詞のある疑問文）で話者の強い関心を表し、「そもそも、いったい」などと訳出されることもある。
Wo habt ihr euch eigentlich kennengelernt? → 2_41

etwa

● 決定疑問文で「まさか、もしや、よもや」という驚きとそれに伴う「非難」、または「安心できる回答を期待し、その質問を否定してもらいたい気持ち」を表す。
Aber ihr wollt euch deshalb doch nicht etwa scheiden lassen? → 2_47

ja

● 平叙文で、すでにお互い承知していることを根拠として確認するという姿勢を表す。
Aber du hast dich ja in Mathe verschlechtert. → 1_8
Sie wünscht sich ja einen 3D-Drucker. → 6_11

● 平叙文で、自明のことであるという話者の判断を表す。
Aber man weiß ja auch wirklich nicht, welche Partei man wählen soll.
→ 3_1

● 平叙文で、その場で目にしたことや確かめたことの意外さ、それに対する驚きを表す。日本語訳では文末に「よ」を付けるなどして表現する。
Du siehst ja ganz blass aus. → 1_4

● 先行する否定的な意味の文を打ち消して、強く肯定する話者の気持ちを表す。この場合はアクセントをもつ。

Jetzt kann ich das ja sagen. →3_2

mal

● 口語で、命令文やその他の要求表現に対して、語調を和らげる働きをして、「ちょっと」などと訳出されることもある。

Sprich doch mal mit ihm! →2_24
Mach mal bitte das Radio an! →4_48
Kannst du nicht wieder mal selbst einen Kuchen backen? →4_08

schon

● 平叙文で、必ず実現するという話者の確信や、未来の推量を表し、「ちゃんと」などと訳出されることもある。

Sie werden es schon noch lernen. →2_20

● 話の内容が正しいという話者の確信・自信を表し、「確かに」などと訳出されることもある。

Es fällt mir schon schwer. →7_2

● 平叙文で、「(どうせするからには) いっそのこと」という気持ちを表す。

Am Hochzeitstag möchte ich schon lieber etwas Besonderes essen gehen ... →3_21

vielleicht

● 決定疑問文で、話し手の丁寧な依頼や遠慮がちな気持を示唆する。

Es tut mir leid, aber haben Sie sich vielleicht geirrt? →5_23

VERZEICHNIS ドイツ語索引

本文で取り上げたターゲット語彙の一覧です。数字はページ番号を示しています。
単語はアルファベット順です。フレーズは理解のキーとなる単語のアルファベット順で配置しています。
キーとなる単語が単独でターゲットになっている場合はその後に1字下げで、ターゲットになっていない場合はキーとなる単語を冒頭に表示して載せています。冠詞は除いて考えてください。

A

Abendessen	64
Aber nein.	44
abfahren	61
Abfahrt	62, 137
Abgabe	140
abgeben	140
abhängen	122
abholen	40
Abitur	153
Abitur machen	153
ablaufen	132
ablehnen	112, 148
abnehmen	51, 91
③④ abnehmen	91
Absage	117, 154
absagen	148, 154
Abschied	114
von ③ Abschied nehmen	114
abschließen	94, 110
Abschluss	43, 110
Abschlussarbeit	43
abstellen	15, 52, 91
Abteilung	10, 148
Abteilungsleiter	10
abtrocknen	131
abwaschen	131
Ach so!	41
achten	46
Achtung	46, 79
Agrarstaat	52
ahnen	114
Akku	161
aktuell	98
akzentfrei	144
alle: vor allem	118
Allergie	155
allergisch: Ich bin gegen Pollen allergisch.	158
älter	106
Altersheim	96
Amateur	150
Amt	78
anbieten	106, 109
ändern	50, 113
Anfang: am Anfang	158
anfangen	2, 13
anfangs	158
Angebot	106, 109
angenehm	113
Anglistik	30
Angst	74
Angst bekommen	29, 74
(vor ③) Angst haben	74
anhaben	132
anhalten	152
Anhang	160
anhängen	159
eine Datei an die E-Mail anhängen	159
anhören	128
ankommen	40, 62
Ankunft	62, 137
Anlage	107
anmachen	54, 91, 93
anmelden	101, 115
sich⁴ bei ③ anmelden	101
Anmeldung	101, 115
anmerken	98
Anmerkung	98
annehmen	97, 106
Anruf	66, 129
anrufen	66, 67
anschalten	54, 91, 93
anschauen	136
ansehen	66
Anspruch: viel Zeit in Anspruch nehmen	138
anstreben	110
anstrengen	14, 117, 131
anstrengend	14
Anteil	57
Antrag	43, 140
einen Antrag auf ④ stellen	140
Antwort	13
um Antwort bitten	31
antworten	13
auf ④ antworten	13
anziehen	74
Anzug	74
Apotheke	37
Apotheker	37
App	161
Appetit	2
Guten Appetit!	2
(großen) Appetit auf ④ haben	2
arbeiten	138
Arbeitsbedingung	81
Arbeitslosenquote	141
Arbeitsplatz	117
Ärger	111

ärgerlich	111	
④ ärgerlich machen		
	52, 111	
Es ist ärgerlich.	111	
Ich bin ärgerlich.	111	
ärgern	111	
Aroma	36	
Artikel	84	
Arzt: einen Arzt rufen		
	16	
Auf Wiedersehen!	31	
aufbauen	123	
aufbleiben	130	
aufessen	34	
Aufgabe	72	
aufgeben	111	
aufhören	124	
Hören Sie auf!	8	
aufladen	161	
auflösen	97	
aufmachen	16, 85	
aufpassen	79	
aufräumen	130	
aufregen	135	
Aufsatz	44	
aufstehen	24	
Auftrag	145	
auftragen	145	
aufwachen	35, 129	
aufwachsen	51	
Aufzug	139	
den Aufzug nehmen		
[benutzen]	139	
Augenarzt	99	
aus ③	29	
aus ③ werden	30	
Ausdruck	123, 136	
ausdrucken	136	
ausdrücken	136	
ausführlich	146	
ausfüllen	58	
ausgehen	61	

ausgezeichnet	87	
aushalten	117	
auskennen	87	
auskommen	158	
auslachen	33	
Ausland	38	
im Ausland	38	
Ausländer	38	
ausländisch	38	
ausmachen	52, 91	
Ausnahme	11	
ausschalten	93	
außen	15	
aussehen	4	
Aussicht	113	
Aussicht auf ④ haben		
	113	
④ in Aussicht haben	113	
Aussprache	76	
aussprechen	76	
aussteigen	62, 63	
ausstellen	68	
Ausstellung	68, 136	
ausstrahlen	55	
aussuchen	17	
auswaschen	131	
ausziehen	74	
Autobahn	21	
Autogramm	76	
Automat	54, 107, 120	
Automatik	120	
automatisch	107, 120	
Autor	30	

B

backen	70	
Bäcker	70	
Bäckerei	70	
Bad	72	
ins Bad gehen	72	
baden	71, 72	
Badezimmer	72	

Bahn	21, 63, 86, 89	
Bahnticket	89	
bald	40	
bar	8	
Bargeld	8	
Bau	88	
bauen	88	
Bayern	69	
bedeuten	29	
bedienen	41	
Bedienung	41	
beeilen	16	
begegnen	36	
begeistert: von ③		
begeistert sein	150	
Begeisterung	150	
beginnen	13	
mit ③ beginnen	13	
begleiten	156	
begreifen	149	
Begriff	29	
ein Begriff aus Physik		
[Medizin]	29	
begründen	123	
behalten	84	
beherrschen	150	
bei: ④ bei sich[3] haben		
	137	
beibringen	149	
Beilage	28	
Bein	133	
bekannt	20	
bekannt werden	20	
bekommen	29, 86	
bekümmern	131	
beleidigen	22	
beleidigt	22	
bemerken	100	
bemühen: sich[4]		
bemühen, ...	6	
Benzin	21	
beobachten	38	

169

beraten	106	bisher	86	**D**	
berechtigt	148	Bitte, gern(e) geschehen!		da vorn(e)	39
bereit	29		21	dabei	27, 28
berichten	125	bitten	31	dabei aber	28
Bericht	59, 125	④ um ④ bitten	31	dabei sein	27, 28
beruhen: auf ③ beruhen		blass	4	Ich war gerade dabei,	
	80	bleiben: in ... bleiben	63	dich anzurufen.	66
Bescheid	40	Es bleibt ③ nichts		dabeihaben	53
Bescheid sagen	40	anderes übrig, als...	154	dagegen	76
Bescheinigung	158	Blick	105	damit	136
besichtigen	69	auf den ersten Blick	105	danach	92
Besichtigung	69	einen Blick auf ④		Daraus wird nichts.	126
besonder	32, 61	werfen	105	Datei	160
besonders	32, 61	blicken	105	eine Datei an die E-Mail	
bestehen	75	blühen	142	anhängen	159
aus ③ bestehen	75	Blut	141	Daten	160
Bestehen	157	böse	149	Datum	76
das zehnjährige		boykottieren	155	dauernd	157
Bestehen feiern	157	braten	28	DB	59
bestellen	17	Bratkartoffeln	28	decken	11
bestimmt	110	brauchen	14	Demonstration	124
Besuch	66	brechen	133	demonstrieren	124
besuchen	66	Brieftasche	135, 137	denken	9
betrachten	38	Brombeere	152	Dachte ich mir.	126
betragen	138	Bruder	6	sich³ ④ denken	126
betreuen	98	Bügeleisen	127	Deutschtest	103
Betreuer	98	bügeln	127	dick	122
betrügen	87	Bundestagswahl	50	Dieb	134
Bett	11	Bus-Fahrplan	136	Dienst	119
ins Bett gehen	11			Diplomarbeit	118
beurteilen	118	**C**		Disco	33
bewegen	14, 23	ca.	83	Diskussion	56
Bewegung	14, 23	Café	39	diskutieren	12, 56
bewerben	86	Camping	156	über ④ diskutieren	12
Bewerbung	86	Campingplatz	156	doch	45
bewundern	27, 133	CD	128	doch nicht etwa	46
beziehen	32	charmant	119	doch noch	45
Beziehung	32	Chemikalien	142	dort	156
bezweifeln	108, 145	cool	134	drehen	93
Bibliothek	84	Cousin	82	dringend	84
bilden	91	Cousine	82	Drittel	53
billig	28	Currywurst	35	Drucker	126

dunkel: in dunklen Ecken	134	einpacken	94	Erdbeere	152
dünn	51	einrichten	133	ereignen	4
durcharbeiten	117	Einrichtung	133	Ereignis	125
durchaus	148	einschalten	54, 91, 93	erfahren	98
durchhalten	117	einschließlich	64	Von wem haben Sie das erfahren?	98
durchlesen	144	einsehen	148	Erfolg	81
Dusche	72	einsteigen	62, 63, 106	(mit ③) Erfolg haben	81
duschen	72	in den Zug [Bus] einsteigen	106	Ergebnis	46
		eintragen	108	erhalten	86
E		einzeln	117	erhältlich	86
Ecke	134	einziehen	140	erhöhen	112
egal	132	einzig	115	erinnern	25
Ehe	106	Eis	79	erkälten	74, 116
eher	32	elegant	156	Erkältung	74, 116
Ehescheidungsprozess	106	E-Mail-Adresse	31	erkennen	156
ehrlich gesagt	135	empfehlen	45	erkundigen	103
eigen	5	empfinden	113	sich[4] nach ③ erkundigen	103
Eigenheim	17	Ende	7	erlauben	156
eigentlich	42	enden	7	erleben	146
Eile	16	endgültig	57	Erlebnis	146
eilig	16	endlich	96	erledigen	115
Eindruck	123, 146	Energie	57	ermorden	147
den Eindruck haben, dass ...	38, 123	Energieversorgung	5	eröffnen	85
eindrucksvoll	146	eng	61	erreichen	102
einfach	36	das Englische	77	erscheinen	79
eingeschlossen	64	die Englische Sprache	77	erst	70
Einkauf	14	enorm	130	auf den ersten Blick	105
Einkäufe machen	14, 82	entdecken	84	erst noch	94
einkaufen	14, 82	enthalten	141	erstaunen	47, 77
einkaufen gehen	82	entscheiden	57	erstaunlich	47, 77
einladen	30, 39	sich[4] für ④ entscheiden	57	erstaunlicherweise	46, 77
④ zu ③ einladen	39	entschuldigen	139	erstaunt über ④ sein	26
Einladung	30, 39	Entschuldigen Sie (bitte)!	2, 9	Erstsemester	155
einleuchten	120	entstehen	122	ertrinken	73
einleuchtend	120	enttäuscht sein	110	erwischen	160
einmal	90	Enttäuschung	110	Es freut mich.	37
nicht einmal	66	entwickeln	52	Es gibt ④.	20
Einmaleins	25	Er ist es.	156	Es tut mir leid.	2, 9
einmischen	149	Erdbeben	151		

171

essen	9	
etwa	153	
EU	128	
Ex	106	

F

Fach	42, 150	
fachlich	10	
Fahrer	107	
Fahrplan	62	
Fahrschein	160	
Fahrt	58	
Familie: in der Familie liegen	7	
fast	53	
Fast Food (Fastfood)	35	
fehlen	15, 54	
Das fehlte noch.	54	
Fehler	15	
Feier	101	
feiern	101	
fernsehen	54, 66	
Fernsehen	55	
Fernseher	54, 66	
Fernsehprogramm	55	
Fernsehsendung	55	
Fernsehserie	55	
fertig	6	
mit ③ fertig sein	6	
Fest	59	
feststellen	99	
Feststellung	99	
feucht	107	
Feuchtigkeit	107, 120	
Fieber	4, 24	
Fieber haben	24	
Fieber messen	24	
File	160	
Finale	150	
Finanzamt	80	
finanziell	103	
finden	12	
Das finde ich auch.	12	
Das finde ich schön.	12	
Wie finden Sie das Buch?	12	
Fisch	34	
fit	26	
Fleisch	5	
Flug	63, 74	
Flughafen	63, 89	
④ vom Flughafen abholen	89	
Flugplatz	89	
Flugzeug	74	
Flur	36	
Form	113	
gut [schlecht] in Form sein	113	
formal	132	
Formel	102	
Formular	58	
fortsetzen	55	
Fortsetzung	55	
fotografieren	68	
Frage	13	
fragen	13	
Frankreich	88	
Franzose	88	
Französin	88	
französisch	88	
frei: frei haben	139	
④ frei haben	91	
freitags	127	
Fremdsprache	75	
Freude	30	
③ eine Freude machen	96	
freuen	30	
Es freut mich.	37	
Ich freue mich.	37	
Freund: mein Freund	67	
freundlich	57	
Freundschaft	146	
Freut mich.	37
Frieden	123
frische Luft	62
froh	30, 132
fröhlich	30
Frost	78
frostig	78
Frühstück	64
④ zum Frühstück essen	64
frühstücken	64
fühlen	24
füllen	53, 58
④ mit ③ füllen	53
funktionieren	90
Furcht	33
furchtbar	114
fürchten	33
sich[4] vor ③ fürchten	33
fürchterlich	141
Fußball spielen	41
Fußballspiel	41
Fußgängerzone	83

G

Gang	131	
ganz	4	
gar nicht	7	
Garantie	158	
Gast	146	
Gastfreundschaft	146	
Gastgeberland	125	
geben: Es gibt ④.	20	
Gebirge	71	
ins Gebirge fahren	71	
geboren werden	116	
Wo sind Sie geboren?	116	
gebrauchen	15, 80	
gebraucht	15, 80	
Gebühr	138	
Geburtstag: Geburtstag

haben	22	Germanistik	30	goldene Hochzeit	101
④ zum Geburtstag		④ gern haben	35	Grad	4
schenken	126	Gern(e) geschehen!	21	Grammatik	44
Herzlichen Glückwunsch		gernhaben	105	grammatisch	44
zum Geburtstag!	101, 104	Geruch	35	gratulieren	104
Geburtstagsfeier	132	Geschäft	82, 85	③ zu ③ gratulieren	104
gedeihen	151	geschehen	4, 21, 67	Gratuliere!	87
geeignet	9	Geschenk	22	Ich gratuliere!	87
gefährlich	134	Als Geschenk, bitte.	22	grausam	140
gefallen	8	Geschichte	42	gravierend	113
Es gefällt ③ ...	112	Geschirr	90, 131	grell	67
Mir gefällt das.	33	Geschirr spülen	90	Grenze	128
Gefühl	38	Geschirrspüler	90	Grippe	4, 24
Gegenwart	42	Geschmack	68	Grippe haben	24
Gehalt	81	Geschwister	6	Große(r)	150
Geheimnis	104	Haben Sie Geschwister?		großen Appetit auf ④	
gehen	9		6	haben	2
Das geht gar nicht.	27	gespannt	68	unser Großer	51
Das geht nicht.	27	gestatten	156	Grundschule	83
Das geht so.	27	gesund	21	Gruppe	148
Es geht ③ ...	118	Gesundheit	20	grüßen	39
Es geht um ④ .	83, 102	Gewicht	34	Grüß dich!	39
Wie geht es dir?	118	Gewinn	56	günstig	13
gehören	150	gewinnen	47, 56	gut: gut für	21
Geld für ④ sparen	59	gewöhnen	11, 107	gut in der Schule sein	
Geldautomat	54	sich^4 an ④ gewöhnen			135
Geldbeutel	137		107	gut sehen	99
Geldbörse	137	Gewohnheit	11	in ③ gut sein	7
gelegentlich	11	gewöhnlich	11, 107	Guten Appetit!	2
gelingen	108	gezwungen sein, ···			
gemeinsam	42	<zu 不定詞 >	103	**H**	
Gemüse	5	glatt	78	Hälfte	53, 137
gemütlich	61	glauben	3, 14	halten: sich^4 an ④ halten	
genau	6	gleich	16		119
Genau!	6	Ich muss gleich los.	68	Hammer	92
genehmigen	124	④ glücklich machen	52	Handball	7
Generaldirektor	10	glücklicherweise	109	Handel	82
genügen	53	Glückwunsch	101	handeln	82
genügend	53	meine besten (herzlichen)		mit ③ handeln	82
Gerät	90	Glückwunsch	101	Es handelt sich um ④ .	
Gericht	16	Herzlichen Glückwunsch			83, 102
Germanist	30	zum Geburtstag!	101,104	Handtasche	8

173

hängen	71	Himbeere	152	Institut	157
hassen	34	hinfallen	79	interessieren	32
hastig	138	hingehen	126	sich⁴ für ④	
häufig	45	hinten	39	interessieren	32
Hauptabteilung	148	Hinweis	67	international	32
Hauptabteilungsleiter	10	einen Hinweis geben		Internet	57
Hauptsache	132		67	im Internet	57
Hausaufgabe	72	Hitze	12, 146	Interview	17
Hausaufgaben machen		Hitzschlag	146	irgendwann	51
	72	hochladen	161	irren	108
Hause: nach Hause		höchstens	147	Irrtum	108
finden	26	Hochzeit	31, 61	irrtümlich	108

J

Haushalt	11	Hochzeitstag	61	ja sicher	40
haushoch	110	hoffen	10, 59	Jacke	74
heftig	79	hoffentlich	10, 59	Jahrhundert	116
Heidelbeere	152	Hoffnung: in der Hoffnung,		..jährig	8
heilen	122	dass ...	10	Jazz	128
Heimat	33	höflich	106	jetzt	72
Heimatort	32	holen	37	Job	103
Heimweg	60	hören	52	jobben	103
heiraten	44	Hörer	129	Jubiläumsfeier	157
Heiratsantrag	43	Hotel: im Hotel wohnen			

K

heiße Schokolade	51		39	Kabel	161
heißen	29	Hunderteuroschein	137	Kabinett	50
heizen	77, 112	Hunger bekommen	29	Kaffee	39
Heizung	112	husten	152	kalt	12
helfen	10	Husten	4, 24, 152	Kälte	12
Da hilft (alles) nichts.		Husten haben	24	Kampf	46
	103			kämpfen	46

I

hereinkommen	79	ICE	59	Kantine	16
hergeben	56	Ich bin's.	156	kaputt	90
herrschen	116, 147	Imbiss	35	kaputtgehen	90
herstellen	88	immer noch	44	Kartoffel	28, 34
Hersteller	88	Industrie	52	Kartoffelsalat	34
Herstellung	88	Industriegebiet	141	Kasse	41
herumlaufen	134	Industriestaat	52	Katastrophe	151
herunterladen	161	Information	3	Kauf	15
herunterfallen	23	informieren	57	kaufen	15
hervorragend	69	Inhalt	44	Kaufhaus	3
heute Nacht	29	inhaltlich	44		
heute noch	114	innen	15		
heutzutage	37				

kaum	23	wachsen	51	abschließen	52
kein mehr	88	Kopfschmerzen	4	das Land öffnen	52
Kellner	105	Kopfschmerzen		Landesabschließung	52
kennenlernen	42	bekommmen	29	Landesöffnung	52
Kindergarten	14	Körper	14	Landschaft	25
Kindergärtner	14	körperlich	14	Landwirtschaft	52, 83
Klage	112	korrigieren	105	landwirtschaftlich	82
klagen	112	Kosmetik	88	lang: seit Langem	20
gegen ③ klagen	112	Kosmetikum	88	seit Längerem	20
klappen	75	kostbar	70	langanhaltend, lang	
klar	55	Kostüm	74	anhaltend	152
Klassik	128	kränken	140	langsam	30
klassische Musik	128	Krankenhaus	23, 24	Es wird langsam Zeit.	
Klausur	7	Krankenwagen	23, 24		156
Kleid	127, 132	Krebs	108	langweilen	155
Kleidung	127, 132	Kreditkarte	8	langweilig	155
Kleidungsstück	127	Kreditpunkt	75	lassen	58
klein: unser Kleiner	51	kreuzen	62	③ ④ lassen	138
Kleingeld	93	Kreuzung	62	laufend	10
klemmen	55	Krieg	123	auf dem Laufenden	
Klima	107	im Krieg	123	sein	10
Klimaanlage	107	kriegen	86	laut werden	149
klingeln	129	Krimi	66	Leben: ums Leben	
klingen	26	Kritik	148	kommen	151
Klinik	122	Küche	119	Lebensmittel	147
klopfen	79	Küchendienst	119	Leberkrebs	109
knapp	87	Kugelschreiber	142	lecker	16
Knie	133	Kummer	131	leer	161
Knöchel	133	kümmern	131	leichter Regen	71
Koch	6, 28	Kunst	68	leichtfallen	144
kochen	7, 28	Kunstmuseum	68	leidtun	9
Kochkurs	37	kurz	53	Es tut mir leid.	2, 9
Kollege	102	kurzfristig	154	leihen	84
komisch	4	kurzsichtig	99	(sich³) von ③ ④ leihen	
kommen	6				84
auf ③ kommen	33	**L**		③ ④ leihen	84
Kommilitonin	44	lächeln	13	leisten	10
Konjunkturflaute	147	laden	161	sich³ ④ nicht leisten	
Konzentration	118	Laden	82	können	159
konzentrieren	118	in einen Laden gehen		lernen	5
Konzertkarte	126		82	letztes Jahr	73
Kopf: ③ über den Kopf		Land: das Land		lieber	28

175

Lieblingsfach	42	Marke	20	missverstehen	80
liefern	138	Markt	145	Mist	124
Lieferung	138	Maß	69	mit	36
liegen	33	④ nach Maß machen		mitbringen	23
Mir liegt das.	33	lassen	69	Mitbringsel	58
liegen lassen	136	Mathe	6	miteinander	157
Literatur	117	Mathematik	102	miterleben	151
live	151	mathematisch	6, 102	Mitgefühl	151
Lkw, LKW	21	Medikament	152	mitgehen	37
Lob	44	Meer	71	mitkommen	35
loben	44	mehr: nicht mehr	12	mitmachen	36
locker	132	mehrere	31	mitnehmen	68
Löffel	5	Mehrheit	43, 97	mittagessen	9
Lohn	81	meiden	100	Mittagessen	64
lohnen	128	meinen	3, 14, 50	Mittagskonzert	157
los: los sein	3, 66	Meinung	50	Mittagspause	16
Ich muss gleich los.	68	meiner Meinung nach		zur Mittagspause	
losfahren	136		14	gehen	16
lösen	57,154	meist	16	mitteilen	40
losgehen	68	Meister	150	Mitteilung	40
Lösung	154	meistern	150	Mitternacht	79
Luft	62	melden: ④ (bei) ③ melden		mittlerweile	80
Luftfeuchtigkeit	120		124	Möbel	133
Lungenkrebs	109	eine Menge	105	Möbelstück	133
Lust	135	Mensa	34	möbliert	133
lustig	26	Menschenrechte	46	möchte	2
		Menü	17	mögen	105
M		Mercedes	159	möglichst	110
machen	6	merken	102	Moll	150
④ ... machen	52	Messe	136	Moment: Einen Moment	
Das macht nichts.	6	messen	24	bitte.	58
Was machst du?	6	Miete	87, 112	im Moment	66
Machen Sie Schluss!	8	mieten	87	momentan	142
Magenkrebs	108	Mieter	87	Moosbeere	152
Mail	160	Mietwohnung	87	Mörder	147
mal	40, 75	Mikrowelle	93	morgen früh	72
Mal	41, 75	Minderheit	43, 97	müde	130
Manager	110	eine ethnische		Mühe	6
manche	147	[religiöse]Minderheit	43	sich[3] mit ③ Mühe	
Mandarine	116	mindestens	147	geben	6
Marathon	113	Ministerpräsident	97	Müll	11
Marathon laufen	113	Missverständnis	80	munter	26

Museum	68	normal	53	Papier	89
Muskel	141	Note	5	parken	15
müsste	138	Nummer	84	Parkplatz	15
Muster	55	nun	72	Parlament	97
Mut	144	nun ja	5	Partei	50
		nur noch	73	Pass	128

N

		nutzen, nützen	85, 98	passen	9, 67
na ja	7	nützlich	98	zu ③ passen	67, 123
nachdenken	96	Nutzung	86	passend	9, 68
nachher	36			passieren	4, 21, 66
Nachricht	86			Passwort	161

O

Nachrichten	125	ob	38	Pause	38
nachschauen	104	Ob das (wohl) gut geht ?		(eine) Pause machen	
nachsehen	101		38		38
nächstes Jahr	17	Ober	105	Ich habe gerade Pause.	
nachts	100	Oberschenkel	133		39
Nagel	92	..., oder ?	25	Pflege	96, 130
nahe daran sein, ...	144	Ofen	107	pflegen	96, 130
Nahrung	116	öffnen	16, 85	Pfleger	96
nämlich	118	Öko-Zeichen	90	Pflegeversicherung	130
national	43	Olympiade	125	pflücken	152
nebenbei	103	die Olympischen Spiele		Philharmoniker	126
Neffe	82		125	Physik	100
negativ	119	Omelett	34	Pianist	150
nehmen	8	Onkel	22	planen	58
neidisch	159	Operation	109	plötzlich	153
neu: wie neu aussehen		operieren	109	Politik	32
	15	Opernkarte	96	Politiker	32
neulich	84	Opfer	151	politisch	32
Neuschwanstein	69	Optiker	99	politisch isoliert sein	52
nicht: nicht einmal	66	ordentlich	89	Pollen: Ich bin gegen	
nicht mehr	12	ordnen	89	Pollen allergisch.	158
nicht richtig	129	Ordnung	34, 89	Pollenallergie	158
nicht wieder mal	70	in Ordnung sein	34	Portemonnaie	135, 137
Nichte	82	Organisation	46	positiv	119
noch	13	organisieren	46, 127	Post	60
noch ein bisschen	62	Ort	63	auf der Post	60
noch einmal	17, 144	vor Ort sein	63	in der Post	60

P

noch mal	31			Praktikant	32, 36
noch mehr	5			Praktikum	32
noch nicht	17	packen	89	ein Praktikum machen	
noch nie	152	Paket	60		32

177

Präsentation	159	raten	106	Rock	128
Präsident	56	rauben	135	Rolltreppe	139
Preis	17, 130	rausbringen	11	rostig	80
preiswert	28, 70	rausfahren	15	das Rote Kreuz	93
Presse	125	RE	59	Rückfahrkarte	58
pro	134	reagieren	119	Rückfahrt	58
probieren	23	realisieren	115	rücksichtslos	94
Problem	12, 45, 76	rechnen	24, 111	den Rückwärtsgang	
(mit ③) Probleme		auf ④ rechnen	24	einlegen	131
haben	45, 76	mit ③ rechnen	25, 111	rufen	16
Produkt	83, 88	Rechnung	24	rund	22
Produktion	88	recht	14	Rundfunk	125
produzieren	83, 88	recht haben	14	rundlich	22
Prof	33	Recht	46		
Profi	150	Rechtsanwalt	106	S	
Prozent	141	rechtzeitig	109	Sache	94
Prozess	106	Rede	43	sagen: zu ③ sagen	67
prüfen	75, 94, 109	reden	43	Was sagen Sie dazu?	
Prüfung	75, 109	Regel	115		67
eine Prüfung machen		regelmäßig	113	Was sagen Sie zu ③?	
	75, 109	regeln	115, 119		12
Punkt	76	Regelung	115, 119	Sammelbüchse	93
Punkte bekommen	78	Regen	71	sammeln	93
putzen	70	Regenschirm	79	Sammlung	93
		regieren	97	sauber	70
Q		Regierung	50, 97	④ sauber machen	70
Quadratwurzel	29	Regierungschef	97	sauer	111
qualifizieren	104	Region	83	S-Bahn	63, 86
qualifiziert	104	rein	127	Schach	149
		reinigen	70, 85, 127	schade	32
R		Reinigung	85, 127	Schade!	9
Radio	21	④ in die Reinigung		Es ist schade um ④.	32
das Radio anmachen		bringen	85	Wie schade!	32
	21	reinkommen	79	schaden	35
das Radio leiser stellen		reinlich	127	schaffen	56
	21	Reißverschluss	55	schälen	92
④ im Radio hören	21	reparieren	90	schalten	131
Rand	53	reservieren	58	Schalter	93
Rasiercreme	134	retten	109	schätzen	147
rasieren	134	richtig	149	scheiden: sich^4 (von ③)	
Rasierer	134	nicht richtig	129	scheiden lassen	44, 46
Rat	106	riechen	35, 142	scheinbar	25

178

scheinen	79	
schenken	22	
④ zu Weihnachten [zum Geburtstag] schenken		126
Scherz	44	
schick	20	
Schienbein	94	
schildern	146	
schimpfen	127	
Schirm	79	
den Schirm öffnen	79	
schlafen	11	
schlafen gehen	9	
schläfrig	130	
schlagen	92	
schlank	51	
schlecht: schlecht sehen		99
Mir ist schlecht.	4	
schließen	85	
schließlich	96	
schlimm	21	
Schloss	69	
schlucken	158	
schmerzen	4	
Schnee	78	
Schneefälle	124	
schneiden	92	
schneien	78	
Schnitzel	28	
Schock: Das war ein Schock.		153
schockieren	153	
Schokolade	50	
schon	9	
schon wieder	30	
Schönen Urlaub !	71	
schrecklich	12	
Schule: gut in der Schule sein		135
schützen	116	
sich^4 vor ③ schützen		116
schwarzfahren	160	
schweigen	31	
Schweig!	31	
Schweinebraten	28	
schwerfallen	144	
schwerlich	23	
schwimmen	72	
schwül	107, 146	
Sehnsucht	52	
selbst: sich selbst	5	
selbstständig	98	
sich^4 selbstständig machen		98
selbstverständlich	137	
selten	23	
Semester	7	
Seminar	42	
Seminararbeit	144	
senden	66	
shoppen	82	
Shopping	82	
sicher	57, 80	
② sicher sein	57	
sicherlich	80	
sichern	126	
silberne Hochzeit	101	
Sind Sie fertig?	8	
sinken	141	
Sirene	24	
sitzen	69	
sitzen bleiben	135	
Sitzung	13	
Smartphone	57	
sofort	16	
Sommersemester	7	
Sonderpreis	59	
sonst	74	
Sorge	27	
Keine Sorge!	99	
sorgen	27	
sich^4 um ④ sorgen	27	
Souvenir	58	
sozial	32	
Spanien	34	
Spanier	34	
spanisch	34	
sparen	59	
Spaß: Das macht mir Spaß.		98
Ich habe dabei viel Spaß.		3
Viel Spaß !	3	
Spazierfahrt: eine Spazierfahrt machen		73
Spaziergang	73	
einen Spaziergang machen		73
Spazierstock	73	
speichern	160	
Speisekarte	17	
Sport: Sport machen		40
Sport macht Spaß.		3
Sport treiben	40	
Sportfest	59	
auf einem Sportfest		59
Sportklub, Sportclub		60
sportlich	40	
Sprachkurs	37	
sprechen	33	
über ④ sprechen	33	
von ③ sprechen	33	
springen	74	
Sprung	74	
Staat	52	
Stadtverwaltung	78	
ständig	50	
starker Regen	71	
stattfinden	59	
Stau	91	
stecken	142	
stehen	51, 69	
in ③ stehen	51, 83	

179

stehlen	135	super	125	trainieren	60
steigen	17	surfen	157	transportieren	128
Stelle	104	sympatisch	119	Trauer	151
Stellung	104, 118			trauern	151
sterben	153, 116	**T**		Traum	29
sterblich	153	Tablette	38	träumen	29
Steuer	80	eine Tablette		traurig	151
Stift	142	(ein)nehmen	38	Traurigkeit	151
Stil	123	tanken	137	treffen	36, 41
im alten (gleichen) Stil		Tankstelle	137	sich⁴ (mit ③) treffen	41
	123	tätig: Ich war früher bei		trennen	128
still	25	Siemens tätig.	138	treten	94
Sei Still!	31	"Tax free" -Bescheinigung		Trick	56
stimmen	44		158	Trinkgeld	28
Stimmt.	44, 155	ein Taxi rufen	16	trocknen	71
Das stimmt.	14	teilen	23	Tropfen	152
Stimmt es, dass ... ?	20	teilnehmen	37	trotzdem	157
stinken: nach ③ stinken		telefonieren	66, 67	tüchtig	104
	142	Telefonnummer	84	Tulpe	142
stinkig	142	Temperatur	146		
Stock	73	Termin	102	**U**	
stöckig	123	einen Termin machen		U-Bahn	63, 86
stoppen	142	[haben, absagen]	102	üben	75
stören	34	termingemäß	102, 145	überfahren	91
Stört es Sie, wenn ... ?		Terrasse	77	überfallen	83
	34	Test	29	überhaupt nicht	111
Strafe	78	teuer	28, 70	überlegen	45, 96, 148
x Euro Strafe zahlen	78	Text	77	überlegen sein	45, 110
Strafpunkt	78	Ticket	89	Überlegenheit	110
streiken	81	Tipp	117	Überlegung	45
Streit	45	Tippfehler	144	übernachten	63
streiten	45	Tisch: den Tisch decken		übernehmen	127
Stress	117		11	überprüfen	94
Strom	90	Tod	153	überraschen	26, 99
ein Strom sparendes		tödlich	153	überraschend	99
Gerät	90	toll	73	überrascht sein	26
Stück	23	tot	153	übersetzen	77
Stückchen	23	total	34	④ in ④ übersetzen	77
Studienplatz	86	töten	147	Übersetzung	77
studieren	111	Toto	125	Überstunden	127
Studium	111	Tourist	3	Überstunden machen	
stürzen	129	tragen	74		127

übertragen	66	
übrig: ③ übrig bleiben	154	
Es bleibt ③ nichts anderes übrig, als...	154	
übrigens	69	
Umgebung	113	
umgehen	92	
mit ③ umgehen	92	
umsehen	61	
umsteigen	62, 63	
umstürzen	21	
Umwelt	12, 57	
umweltfreundlich	12, 57	
Umweltproblem	12	
umziehen	112	
Umzug	112	
unabsichtlich	154	
④ unabsichtlich kränken	154	
unbedingt	76	
Und ob!	150	
... und wie!	146	
Unfall	91	
unglaublich	17	
unheimlich	28	
Uni	8, 42	
Uniabschluss	141	
Uni-Kalender	8	
unmöglich	23	
unnütz	82	
Unterabteilung	148	
unterhalten	43	
sich^4 mit ③ über ④ unterhalten	43	
Unterhaltung	43	
Unterlagen	159	
Untermieter: als Untermieter wohnen	87	
Unterricht	41, 75	
Unterricht haben	75	
unterrichten	41, 75	
unterscheiden	87, 120
sich^4 von ③ unterscheiden	120
Unterscheidung	87
Unterschenkel	133
Unterschied	87, 120
unterschiedlich	120
unterschreiben	76
Unterschrift	76
unterstützen	103
Unterstützung	103
untersuchen	54
Untersuchung	54
unterwegs sein	99
unvergleichlich	36
unverschlossen	136
unvorsichtig	73, 136
unvorstellbar	20
unwahrscheinlich	78, 142
Urlaub	71
Urlaub machen [nehmen]	71
Schönen Urlaub !	71
USB-Stick	160
auf dem USB-Stick	160

V

Vegetarier	147
verabreden: mit ③ verabredet sein	3
Verabredung	3
mit ③ eine Verabredung haben	3
verabschieden	114
verändern	113
Veranstaltung	136
Verband	94
verbessern	135
verbieten	124
Verbot	124
verboten	124
verbringen	59
verdanken	118

verdienen	81, 131
vereinbaren	102
④ mit ③ vereinbaren	102
Vergangenheit	42
vergessen	30
Vergleich	57, 106
im Vergleich mit ③	109
vergleichen	57
Verhältnis	32
verhandeln	57
über ④ verhandeln	57
Verkauf	81
verkaufen	81
sich^4 verkaufen	145
Verkehr	91
Verkehrsunfall	91
verletzen	27
Verletzung	27, 122
verlieben	105
in ④ verliebt sein	105
sich^4 in ④ verlieben	105
verlieren	47, 56
Verlust	56
vermeiden	100
vermieten	87
Vermieter	87
vermissen	153
vermuten	97
vermutlich	97
Veröffentlichung	105
verpacken	158
verpassen	124
verraten	104
verschieben	60
verschieden	26
verschlechtern	6
verschlossen sein	136
verschreiben	38
verschwenden	85
verschwimmen	115

181

verschwinden	113	vorstellbar	20	weglaufen	26
verschwommen	115	vorstellen	20	wehtun	4
Versicherung	115	Vortrag	155	weigern	112
versorgen	57	einen Vortrag halten		Weihnachten	39
Versorgung	56		155	Frohe [Fröhliche]	
versprechen	100	zum Vortrag gehen	155	Weihnachten!	39
Versprechung	100	vorwerfen	148	zu [an] Weihnachten	39
verstecken	139	Vorwurf	148	[4] zu Weihnachten	
verstehen	99			schenken	126
sich[4] mit [3] verstehen	99	**W**		weinen	26
Versuch	56	wach	35	weit: in weite Ferne	
versuchen	55	[4] wach machen	35	rücken	17
Vertrag	81	wach sein	129	weiter	3
vertragen	81, 155	wachsen	51	weiterfliegen	63
Verwaltung	78	Wade	133	weitsichtig	99
verwechseln	108	Wahl	50, 97	Weltmeisterschaft	150
[4] mit [3] verwechseln		wählen	50, 97	wenden	147
	108	wahnsinnig	160	Bitte wenden!	147
verweigern	112	wahr	20	werfen	93
verzichten	154	Wahrheit: um die		Werkzeug	92
Viertel	53	Wahrheit zu sagen	135	Wetterbericht	59
Vitamin	116	wahrscheinlich	78, 97	WG	119
vitaminreich	116	wandern	73	widersprechen	112
völlig	98	Wanderung	73	wie: wie du möchtest	3
Volltanken, bitte!	137	Ware	81	Wie kommt es, dass ...?	
vorbereiten	29, 114	Wärme	12		6
sich[4] auf [4] vorbereiten		warnen	134	Wie sagt man in ...?	2
	29	warten	15	wieder mal: nicht	
auf [4] vorbereitet sein		Was für ein ...	78	wieder mal	70
	114	Wäsche	71	wiedererkennen	156
Vorgänger	10	waschen	71	wiederholen	103
vorhaben	37	Waschmaschine	138	wiedersehen	30
vorher	36	wechseln	85	Auf Wiedersehen!	31
vorläufig	27	wecken	24	wiegen	34
Vorschlag	119	Wecker	129	winken	105
einen Vorschlag machen		weg sein	16	Wintersemester	7
	119	Weg: sich[4] auf den Weg		wirken	152
vorschlagen	119	machen	156	wirklich	26
vorsehen	145	wegwerfen	80	wissen	7
Vorsicht	72, 79	wegfahren	139	wer weiß	56
vorsichtig	72	weggehen	139	Wissenschaft	107
Vorstandsmitglied	10	weglaufen	139	Wissenschaftler	107

Wo tut es weh?	4			zornig	111
wohl	12	**Z**		zu	118
Ist Ihnen nicht wohl?	96	Zahlen bitte!	41	zuerst	63
wohlfühlen	96	zanken	45	zugeben	148
wohnen	39, 66	z.B.	77	Zukunft	42
Wohnzimmer	66	Zeichen	90	zuletzt	63, 96
wollen	22	zeigen	8	zumachen	85
Wort: die Wörter lernen		Zeit: sich[4] Zeit lassen	138	zunehmen	51, 91
	75	die Zeit vergessen	54	zurückhalten	25
Wunde	122	in letzter Zeit	45	zurückhaltend	25
Wunder: Kein Wunder.	69	viel Zeit in Anspruch		zurückkommen	26, 62
wunderbar	28, 152	nehmen	138	zurzeit	87
wundern	27	Es wird langsam Zeit.		Zusage	117, 148
sich[4] (über [4]) wundern			156	zusagen	117, 148
	27	zeitig	11	Zwang	103
wünschen	2	zelten	156	Zweifel	108
würde gern	69	Zensur	6	zweifeln	107
Würfel: in Würfel		zerreißen	132	zweimal	129
schneiden	92	zerstören	123	zweimal wöchentlich	
wütend	111	Zeugnis	6		134
		ziehen	61	zwingen	103
		ziemlich	52		

183

〈著者紹介〉

アンゲリカ・ヴェルナー（Angelika Werner）
Siegen 大学博士（哲学）、Bonn 大学修士課程修了。現在、獨協大学外国語学部教授。専門は文法論、外国人のためのドイツ語教育。1994 年より日本の大学で教鞭を執り、NHK ラジオ講座にも出演。2015 年度 NHK ラジオ「まいにちドイツ語」（応用編）講師。共著に『ヴァインスベルク』（朝日出版社）など。

兒玉彦一郎（こだま ひこいちろう）
慶應義塾大学大学院文学研究科博士後期課程単位取得満期退学。現在、常葉大学教授。専門はドイツ語学、ヨーロッパ政治史。共著に『ドイツ語ポケット辞典＜改訂版＞』（研究社）、『独和中辞典』（研究社）、『プログレッシブ独和辞典』（小学館）、『アルファ独和辞典』（三修社）など。

最効率！例文で覚えるドイツ語単語

2015 年 10 月 1 日　初版発行　　2024 年 10 月 11 日　8 刷発行

著者
アンゲリカ・ヴェルナー
兒玉彦一郎
© Angelika Werner and Hikoichiro Kodama, 2015

発行者
吉田尚志

発行所
株式会社　研究社
〒102-8152　東京都千代田区富士見 2-11-3
電話　営業（03）3288-7777 (代)　編集（03）3288-7711 (代)
振替　00150-9-26710
https://www.kenkyusha.co.jp/

印刷所
TOPPAN クロレ株式会社

装幀
Malpu Design（清水良洋・宮崎萌美）

装画
eto

本文デザイン・組版
株式会社 インターブックス

KENKYUSHA
〈検印省略〉

ISBN 978-4-327-39431-8　C0084　Printed in Japan